ÉVENOR

ET

LEUCIPPE

PAR

GEORGE SAND.

3

PARIS
LIBRAIRIE DE GARNIER FRÈRES,
6, RUE DES SAINTS-PÈRES, ET PALAIS-ROYAL, 215.

1856

ÉVENOR ET LEUCIPPE.

ÉVENOR

ET

LEUCIPPE

PAR

GEORGE SAND.

3

PARIS
LIBRAIRIE DE GARNIER FRÈRES,
6, RUE DES SAINTS-PÈRES, ET PALAIS-ROYAL, 215.

1856

L'ORGUEIL.

(*Suite.*)

III.

L'Orgueil.

(Suite.)

Evenor, en méritant les préférences de sa famille par de précoces tendances au bien général, avait fait naître l'émulation parmi ceux de son âge. Sath n'avait pas partagé ce sentiment parce qu'il ne l'avait pas compris. Porté à l'individualisme, il n'avait éprouvé que de la jalousie, et quand il se trouva seul doué de certains avantages qui attiraient l'attention sur lui, il les fit valoir avec âpreté. De là naquirent aussitôt chez ses compagnons des instincts de même nature, qui n'attendaient que l'étincelle de l'exemple et du succès pour s'enflammer.

En peu d'années la jeunesse se montra donc plus bruyante, plus active physiquement, plus aventureuse et moins soumise aux parents qu'elle ne l'avait été jusque-là, et les vieillards de la tribu voyant ou croyant que ce développement des forces et des volontés pouvait devenir dangereux, essayèrent de réclamer sous le nom d'*autorité* ce qui, jusqu'alors, avait été connu sous un nom équivalent à celui de *confiance*. Les adolescents supportèrent avec dépit ce premier frein; mais, dès qu'ils furent en âge de se prononcer, ils le secouèrent, les uns soutenus, les autres blâmés par leurs ascendants au premier degré, qui voyaient éclore cette indépendance de l'esprit avec crainte ou avec plaisir, selon leurs tendances particulières. La vieillesse se trouva donc forcée de transiger, et, en l'absence de règles fixes dont on n'avait pas encore l'idée, on commença à vivre dans une sorte d'agitation et de méfiance.

Un instinct naturel ramenait cependant la plupart des jeunes gens à la soumission envers les parents ; mais cet instinct, à peu près nul chez Sath, s'affaiblissait devant les suggestions de l'amour-propre, et les natures irrésolues tendirent bientôt à se rapprocher de lui et à s'abriter sous le succès de son initiative.

Des luttes de force et d'adresse furent instituées sous le nom de jeux. Nées du hasard, ces luttes devinrent une passion aussi vive chez ceux qui en avaient le spectacle que chez ceux qui y prenaient part. D'abord on lutta contre des forces inertes, contre des objets résistants, contre des fardeaux ; mais on en vint à lutter contre des animaux, Sath ayant eu l'audace de dompter un cheval et la vigueur de terrasser et de lier un bœuf furieux. Les anciens virent avec plaisir cette conquête de l'homme sur l'animal destiné à son service ; et, bien que l'avantage de cette conquête ne fût pas encore démontré, ils se sentirent portés à y applaudir comme à une chose neuve et imposante.

Mais le développement de la force et du

courage devait ébranler le règne de la douceur, et bientôt les jeunes gens, dédaignant de lutter contre la matière ou contre la brute, s'essayèrent à lutter les uns contre les autres. Ce furent les premiers combats, simulés, il est vrai, mais où s'essaya l'empire de la violence, et où s'allumèrent les premières étincelles de l'inimitié.

Tandis que les jeunes garçons marchaient ainsi vers un nouvel état de choses, la jeunesse de l'autre sexe, prise du même vertige, s'essayait aux luttes de la vanité féminine. Les belles filles de la tribu commençaient à se distinguer de leurs compagnes moins hardies ou moins favorisées de la nature. Elles imaginèrent de tresser leurs cheveux, de ceindre leur taille et d'orner leurs bras et leurs jambes de coquillages, de fleurs, de baies vermeilles ou de graines noires pour rehausser leur blancheur. Elles brodèrent de crins et de plumes leurs tuniques et leurs sandales, et, au lieu d'aider leurs mères dans le soin des jeunes enfants, on les vit courir de tous côtés pour chercher, parmi ces futiles objets de leur convoitise ingénue, les échantillons les plus beaux ou les plus rares. Ainsi parées, elles quêtaient les regards des hommes, et, dans le spectacle des jeux, auquel accouraient avec empressement leurs troupes bruyantes et folâtres, elles se disputaient les places en évidence et s'étudiaient avec une grâce sauvage à s'éclipser les unes les autres.

Ainsi naissaient chez les deux sexes des

instincts de perfectionnement extérieur dont le but mal compris, la gloire pour l'un, le charme pour l'autre, menaçaient de faire fausse route et de devenir la brutalité du courage et l'effronterie de la séduction.

Avec ces instincts s'éveillait aussi celui d'une certaine âpreté à la possession de choses qui, jusque-là, n'avaient pas été prisées, il est vrai, mais qui, du moins, n'avaient jamais été disputées. Le bien et le mal arrivaient ensemble, car le progrès amenait fatalement le mal chez des êtres dont aucun idéal supérieur à leur propre milieu n'avait encore modifié les facultés. On commençait à se quereller pour une toison plus blanche qu'une autre, pour un rosier plus tôt fleuri, pour un cheval plus vigoureux, et même pour un emplacement plus favorable à la construction d'une cabane.

Cependant la terre était encore mille

fois trop grande pour l'homme, et généreuse au delà de ses vrais besoins ; mais une inquiétude étrange la faisait déjà trouver trop petite et trop avare. Ses dons acquéraient une valeur fictive parce que le goût, en s'éveillant, créait le sens du choix. Le discernement y gagnait sans doute, mais l'esprit de fraternité y perdait, et, en emportant la barbarie, la civilisation naissante emportait le bonheur.

Un jour, Satli se disputa avec un de ses

compagnons pour une brebis que celui-ci avait prise au pâturage commun, et dont la laine fine et abondante le tentait.

« Je la voulais, dit Sath, et je l'avais marquée pour moi.

— Qu'importe? répondit l'autre. Il y en a beaucoup d'aussi belles, que tu peux prendre sans que je m'y oppose.

— Mais celle-là, je te dis que je la voulais, reprit Sath, et il me la faut. Elle est à moi, puisque je l'ai marquée. Tu vois le nœud que j'ai fait sur son front avec sa laine. Ne dis plus rien, et laisse-la-moi. »

Le jeune homme, qui était grand et fort presqu'autant que Sath, sourit de ce prétendu droit, et, haussant les épaules, voulut prendre la brebis pour l'emporter ; mais Sath le suivit avec des menaces.

« Prendrons-nous la peine de lutter de

nos corps pour une brebis? dit le jeune homme.

— Non ! dit Sath en colère, car je te briserais ; mais je m'en repentirais ensuite, parce que tu m'as souvent cédé. Que la brebis ne nous fâche donc plus, et qu'elle ne soit à aucun de nous deux. » Disant ainsi, Sath assomma le pauvre animal d'un coup de sa massue.

L'ORGUEIL.

(Suite.)

L'Orgueil.

(*Suite.*)

La querelle fut terminée, car le jeune homme trouva que c'était là une mauvaise action, et il se retira, effrayé de se sentir violemment irrité lui-même contre son semblable. Sath resta ému et agité ; il regardait la brebis expirante, étonné de ce qu'il avait fait ; et d'abord, il songea à cacher la victime pour cacher sa faute. C'était le premier meurtre commis sur la terre, et tandis qu'Evenor, dans l'Eden, accomplissait un sacrifice de ce genre, mais après délibération et en vue d'une nécessité qui lui coûtait presque des larmes, Sath avait à rougir d'une violence inutile et qu'il ne pouvait motiver par aucun droit. Cependant son dur naturel triompha de sa conscience, et chargeant la victime sanglante sur ses épaules, il l'emporta pour la dépouiller, disant à ceux qu'il rencontrait et qui s'étonnaient de son action : Ce qui est choisi par moi est à moi, et je le veux ainsi.

Tous le blâmèrent, mais il y en eut plusieurs qui ne tardèrent pas à l'imiter. Ainsi fut imposé et accepté le faux droit basé sur la force.

Alors les parents s'affligèrent et dirent :

« Ceci est la fin du monde. Voilà les hommes déjà vieux et corrompus. On ne verra plus jamais de gens heureux, et la méchanceté devient chaque jour si grande que bientôt nos enfants se tueront les uns les autres. Alors la terre retournera à ceux qui l'avaient avant nous et qui ne sont peut-être pas si loin qu'on le pense. »

Mais la jeunesse orgueilleuse répondait à ces menaces :

« S'il existe d'autres maîtres que nous

sur la terre, il est bon que nous ayons appris à combattre, car cette terre nous plaît, et nous n'y voulons pas souffrir une autre race que la nôtre. »

Et comme ces désaccords allaient en augmentant, il se forma dans la tribu comme une tribu nouvelle qui se composait du plus grand nombre des vierges des deux sexes, et que Sath gouvernait par sa résolution et sa présomption expansive. Ce parti fut appelé les *Nouveaux hommes*, lesquels, s'étant réunis à diverses reprises dans les bois environnants, projetèrent de s'éloigner des parents qu'ils appelaient les *Anciens hommes*, et d'aller former un établissement à une assez grande distance pour n'être plus importunés de remontrances et de prédictions sinistres. Comme ils craignaient des reproches et des larmes, ils convinrent de partir dans la nuit, et, en effet, un matin, quand on s'éveilla dans la tribu, on vit au loin, dans les profondeurs de la plaine, une longue caravane qui se dessinait comme un serpent noir sur les ondulations de la prairie blanche de rosée. C'était la jeunesse qui s'en allait fonder une autre ville, et qui emmenait une grande partie des animaux dont elle avait appris à se faire obéir, et beaucoup de vases, de vêtements et d'ustensiles en vue d'une colonie indépendante de l'assistance des parents.

La douleur des parents fut grande ; mais que pouvaient-ils contre la liberté ? Il n'était encore jamais entré dans l'esprit d'aucun homme qu'on pût enchaîner par la force la volonté d'un autre homme.

Cependant les hommes nouveaux n'allèrent pas loin sans trouver des obstacles. Ils savaient qu'au delà des premières forêts, ils devaient rencontrer un large fleuve, et ils n'avaient pas songé à le franchir; mais quand ils l'eurent atteint, ils trouvèrent ses bords dévastés sur une vaste étendue par des traces d'inondation périodique, et ils jugèrent qu'il fallait s'en éloigner beaucoup pour n'en avoir rien à craindre. Si l'on restait en deçà, on demeurait exposé aux invectives ou aux importunités de la tribu-mère, dont on n'était séparé que par deux jours de marche. On campa sur un terrain aride et sablonneux où les jeunes filles commencèrent à s'attrister. Le lendemain, on remonta le rivage, puis on le redescendit dans l'espoir de trouver un endroit guéable, et on ne trouva que des flots rapides sur un lit profond. Alors les filles vierges, effrayées de l'audace de Sath, qui voulait tenter le passage, parlèrent de retourner vers leurs familles et d'abandonner l'entreprise. Mais Sath, parlant en maître au nom de ses compagnons, leur déclara qu'elles n'étaient pas libres de s'en aller, et qu'ils s'y opposeraient.

Ce langage déplut aux plus fières, et comme on était à la fin de la troisième journée de voyage, et que l'on avait fixé le passage au lendemain, elles profitèrent du sommeil de leurs rudes compagnons pour s'enfuir et retourner dans leurs familles.

Mais beaucoup demeurèrent, se disant les unes aux autres : Ces garçons nos frères sont impérieux et méchants ; mais si nous les quittons, nous n'aurons point d'époux. Ceux qui sont restés avec les anciens sont en trop petit nombre, et il vaut encore mieux nous quereller avec ceux d'ici que de vivre seules et délaissées.

Le lendemain, on tenta le passage. Sath donna l'exemple et s'avança le premier dans les flots. Mais, au lieu de trouver, comme Evenor dans le lac de l'Eden, l'inspiration de la confiance et la révélation de l'instinct, Sath ne trouva aucun secours dans son audace et dans son amour-propre. Il n'avait rien raisonné d'avance et faillit être englouti. A force de se débattre avec rage, il regagna la rive ; mais, outre qu'il ne trouva personne disposé à le suivre, il n'osa tenter l'abîme une seconde fois. Honteux et mécontent d'avoir échoué, il guida sa troupe encore un jour le long du fleuve en le redescendant, et trouva enfin un endroit favorable; néanmoins, quand on fut au milieu du courant, les jeunes filles eurent un moment de vertige et de terreur où elles se crurent perdues et faillirent entraîner leurs compagnons ; et lorsqu'elles furent apportées au rivage, elles ne purent s'empêcher d'admirer et d'aimer ces hardis protecteurs qui les avaient arrachées à la mort en s'y exposant eux-mêmes avec une énergie furieuse.

L'ORGUEIL.

(*Suite.*)

L'Orgueil.

(Suite.)

On marcha encore un peu, et, après qu'on eut passé une longue coulée de blocs granitiques qui s'arrondissaient en dômes énormes à fleur de terre, on découvrit la mer. Elle était couverte de brume, et on se crut arrivé aux confins du monde. Alors Sath s'écria : Il faut s'arrêter où la terre finit. Bâtissons ici une ville qui s'appellera *Porte du Ciel*, puisqu'il n'y a plus devant nous que des nuages.

Pourtant, lorsque le brouillard se dissipa, on comprit que c'était là l'abîme de l'eau, et une grande frayeur s'emparant de cette jeunesse sauvage, on s'éloigna de la rive avec de grands cris mêlés de rires convulsifs. On serait retourné jusqu'au fleuve, si Sath n'eût réussi à retenir son peuple par une ruse ingénue.

« Souvenez-vous, leur dit-il, que ce fleuve est perfide, et que ses bords, couverts de roches et de graviers, ne produisent que des joncs et des roseaux dont les animaux eux-mêmes ne se nourrissent point. Si vous voulez le franchir encore, je suis prêt à m'y jeter encore pour vous montrer que ce n'est pas la crainte qui me retient. Mais ces femmes nous suivront-elles, et quelques-uns d'entre nous, qui ont failli y périr, n'aimeront-ils pas mieux demeurer ici avec elles? »

Les femmes ayant dit que rien ne les déciderait à repasser le fleuve, tous les hommes prirent le parti de rester dans cette région boisée, entre le fleuve et la mer, bien que la côte fût mal protégée contre le vent et que la terre s'y montrât médiocrement fertile. Mais il y avait des arbres pour bâtir et beaucoup de gibier, que l'on commença à chasser et à manger, car les fruits et les grains étaient rares. Les femmes eurent de la peine à s'y décider; mais peu à peu elles devinrent aussi ardentes à la chasse et aussi avides de butin que les hommes, car la famine menaçait, et les privations du corps commençaient à endurcir le cœur.

Le climat étant plus inégal dans cette

région que dans celle où l'on avait laissé la tribu-mère, on se hâta de bâtir les cabanes, et il résulta de cette hâte qu'elles furent grossièrement agencées, basses, étroites, et comme soudées les unes aux autres pour épargner du temps et du travail.

Or, quand cette colonie se fut assuré le vivre et le couvert, les hommes songèrent à l'amour, et ceux qui se hâtèrent de prendre femme se trouvèrent pourvus. Ce furent les plus avancés en âge, et il resta un grand nombre des plus jeunes qui se virent condamnés au célibat à cause de la fuite des filles retournées dans leurs familles avant le passage du fleuve.

Cela devint promptement une cause d'envie et de discorde. Les aînés dédaignèrent les plaintes des mécontents et leur dirent :

« Si vous voulez des femmes, allez-en

chercher dans l'ancienne tribu, ou bien il vous faudra attendre que nous ayons des filles en âge de vous épouser. »

Une tentative de réconciliation avec les anciens, ou tout au moins avec les filles que l'on avait offensées, fut donc résolue ; mais de grandes pluies vinrent, et le fleuve fut tellement gonflé, que le passage devint impossible. Le mécontentement et la colère ne sont pas des circonstances favorables aux créations de l'industrie. On ne songea pas à inventer le moyen de dompter le fleuve, et les jours se passèrent en plaintes et en reproches. Au sein de la tribu nouvelle une division nouvelle s'établit donc de prime abord, et les mariés raillèrent et dédaignèrent les non-mariés qui étaient les moins forts et les moins nombreux.

Cette division d'intérêts et ce manque d'égalité dans les jouissances de la vie devaient amener promptement le mal sur la terre. En toutes choses, les aînés se crurent autorisés à opprimer leurs frères, et ceux-ci, frustrés et offensés en toutes choses, résolurent de se venger. Plusieurs femmes, mécontentes de la rudesse chagrine de leurs époux, se liguèrent contre eux. Ces hommes, nourris de viande et adonnés à la guerre contre les animaux, étaient devenus farouches et colériques. Le désordre s'introduisit dans les mœurs, des femmes trompèrent leurs époux, d'autres les quittèrent résolument et furent reconquises par eux après des combats partiels où coula le sang des hommes, versé pour la première fois par les hommes. Les plus jeunes furent vaincus. Cependant, on ne s'était pas encore donné la mort; mais on ne tarda pas à se dire qu'il faudrait en venir là, et les plus faibles rêvèrent la trahison et l'assassinat, tandis que les plus forts s'habituaient à regarder la violence et le meurtre, comme des droits acquis et des menaces légitimes.

LE CULTE DU MAL.

X

Le Culte du mal.

Une nuit, saisis de terreur, les opprimés se séparèrent de la tribu nouvelle et s'enfuirent dans la forêt jusqu'au bord de la mer. Depuis ce jour, ils prirent le nom d'exilés.

Ils s'étaient imaginé que les *libres*, c'est ainsi qu'ils appelèrent leurs frères oppresseurs, voulaient les faire tous périr par surprise, et, que cette crainte fût fondée ou imaginaire, ils résolurent, de leur côté, de prévenir ce forfait par un forfait semblable. En proie à une grande exaltation, l'un d'eux, qui se nommait Mos, leur parla ainsi, dans la nouvelle retraite où ils s'étaient réfugiés :

« Il y a longtemps qu'on parle de puissances qui sont dans la terre et au-dessus de la terre, dans les flots en fureur, dans les roches stériles et menaçantes, dans les vents, dans les nuages et dans la foudre; et nous voyons bien que ces puissances existent et sont redoutables ; mais il en est une plus méchante et plus perfide : c'est celle de certains hommes. Nos vrais ennemis, nos vrais fléaux sont là-haut dans ce village qu'ils appellent la porte du ciel, et qui a été pour nous la porte du malheur.

» Ecoutez un rêve que j'ai fait plus

d'une fois. Je voyais un être affreux qui ressemblait à un homme, mais qui courait comme une chèvre et mordait comme un loup. On ne pouvait le regarder sans frayeur, et il disait :

— C'est moi qui suis le cruel, le vindicatif, le feu, le tonnerre et la grêle ; c'est moi qui ai rendu méchants les hommes libres et qui rendrai malheureux leurs frères exilés. Je m'appelle le laid et le mal ; je suis plus fort que tous les hommes réunis et ils ne peuvent rien contre moi.

« Alors, moi, dans mon rêve, j'eus peur de lui et je lui demandai ce qu'il fallait faire pour l'apaiser.

— Il faut me servir, répondit-il; il faut me rendre des honneurs plus grands que ceux que vous avez rendus à votre aïeul dans la tombe et à l'orgueilleux Sath, vainqueur dans les jeux. Il faut me nourrir, car j'ai toujours faim et soif, et les hommes ne m'ont encore presque rien donné.

— Et comme je lui demandais quelle nourriture il voulait... il m'a répondu un seul mot :

— « Du sang! »

Le discours de Mos fit passer un frisson dans tous les cœurs, et son rêve prit à l'instant le caractère d'une réalité dans ces esprits en délire. Le *méchant*, cet être horrible et mystérieux qu'il avait cru voir et entendre, se dessina devant eux comme une hallucination contagieuse, et cette terreur fantastique les saisit tellement, qu'ils se jetèrent tous la face contre terre pour ne pas le voir.

Puis se relevant et s'interrogeant confusément les uns les autres, ils se demandèrent à quels moyens on aurait recours pour se rendre favorable cette puissance ennemie et pour la décider à tourner sa rage contre les libres.

Telle fut l'apparition de la première pensée religieuse chez les hommes réunis par la haine; pensée sombre et délirante, qui ne pouvait faire éclore que la notion du péché et inaugurer que la croyance à un génie malfaisant, rival du Dieu bon.

Plus tard, ce génie fut appelé Arimane, Satan ou le Diable. Quelle que soit l'origine de cette personnification, elle n'a pu apparaître qu'à des hommes privés de la notion du vrai Dieu.

Mos prit encore la parole :

« Il a demandé du sang, dit-il ; nous lui donnerons celui de nos méchants frères.

Mais nous ne sommes pas encore prêts à marcher contre eux, et il faut apaiser la faim de ce vorace qui crie toujours après moi dans l'horreur des nuits. Donnons-lui ces animaux qui nous ont suivis et dont la docilité nous permet de faire une large hécatombe. Dressons une table aussi grande que la butte de pierres et de terre qui a été entassée sur la dépouille de notre aïeul, et couvrons-la de chairs sanglantes. Nous verrons peut-être arriver celui que nous invoquons, et nous pourrons lui parler et le décider à être pour nous. »

Aussitôt ces infortunés se mirent à rouler les rochers et à amonceler les terres, et ils bâtirent ainsi un autel monstrueux sur lequel, rassemblant le troupeau qui les avait suivis, ils l'égorgèrent avec leurs épieux, en poussant des cris frénétiques, comme pour couvrir les rugissements et les plaintes de ces bêtes innocentes qui se débattaient dans les affres de la mort.

Quand le sacrifice fut consommé, on attendit en vain l'apparition redoutable.

Aucun monstre ne se présenta pour lécher le sang des victimes, et on commença à injurier et à menacer Mos en lui disant :

— Tu nous avais promis un appui, et il ne vient pas; tu nous as fait sacrifier des animaux inoffensifs qui nous seraient devenus utiles dans ce désert, et nous ne retirons aucun bien de notre folie. Tu nous as trompés, et tu mériterais de périr pour que l'on vît si ton propre sang attire *Celui* que tu as annoncé.

Mos avait été de bonne foi dans son délire. Quand il vit ses jours en danger, il se fit imposteur et déclara que le Méchant viendrait pour lui seul. On le laissa seul, toute la nuit, au milieu des ténèbres, et couché sur les entrailles fumantes des victimes. Là, pénétré d'horreur et d'épouvante, il eut une vision sans sommeil, une vision qui acheva d'égarer son esprit et qu'il raconta le lendemain, augmentée de ce que son imagination, toujours plus troublée, lui faisait prendre pour un souvenir. Le Méchant était venu et il s'était repu de sang. Après quoi, il avait dit :

« Mangez ces chairs, elles sont à vous. Je suis content de ce que vous avez fait pour moi ; mais apprenez que je vis dans la foudre au-dessus des nuages ; c'est ce qui fait qu'à moins qu'il ne me plaise de me montrer, vous ne me voyez point.

Apprenez aussi que je me nourris surtout de la fumée des sacrifices, et que je veux être appelé l'implacable, c'est-à-dire la force qui tue les forts, et la vengeance qui enivre les faibles. Vous apprendrez à vos enfants à me craindre, et, d'âge en âge, je resterai avec votre race, car je suis celui qui ne meurt point. »

LE CULTE DU MAL.

(*Suite.*)

Le Culte du mal.

(Suite.)

Et, à ce discours, qu'il croyait avoir entendu, Mos ajouta une imposture volontaire pour se préserver des dangers attachés à toute révélation bonne ou mauvaise.

— *L'Implacable* a dit encore :

— Apprends que je suis Esprit, c'est-à-dire que je garde mon apparence et ma volonté quand je veux me dépouiller de mon corps, et que les hommes ne peuvent me détruire. Dis-leur que je t'ai choisi pour leur enseigner ma nature et ma science, et que celui qui te frappera sera frappé par mon invisible main, grande comme le monde et forte comme la mer.

— S'il en est ainsi, répondit la tribu errante, fixons notre séjour non loin de cet autel qui nous est propice; mais ne bâtissons aucune demeure, car nos ennemis viendraient sans doute nous déposséder. Vivons à l'ombre de cette forêt jusqu'à ce que nous puissions fondre sur eux et, à notre tour, les déposséder de leurs maisons et de leurs femmes.

Le lieu où ils se trouvaient était d'une tristesse navrante. C'était à l'embouchure de ce même fleuve qu'ils avaient traversé pour s'éloigner et se séparer de l'ancienne tribu, et qui, aux approches de la mer, refoulé sur les sables accumulés par ses propres flots, se répandait en marais immenses sur la côte unie et plate comme un lac. Ces marais, sans profondeur, étaient couverts, en beaucoup d'endroits, d'une végétation abondante, mais inféconde pour l'homme. En compensation, de nombreux troupeaux de buffles erraient et se multipliaient dans les îlots de cette maremme. Enfoncés dans la vase jusqu'aux épaules, la tête cachée sous les roseaux, au milieu des arbres morts et des arbres vivants jetés pêle-mêle sur ces terrains sans cesse dévastés et sans cesse renouvelés, ils soutenaient de furieux combats contre les loups que leur présence attirait et parquait pour ainsi dire dans ce désert jusque-là vierge de pas humains.

Les exilés eurent donc à les poursuivre dans des lieux presque inaccessibles, pour s'approprier leur chair, leurs dépouilles, dont ils apprirent, sans le secours des femmes, à se faire des vêtements et des courroies, et leurs cornes dont ils se firent des armes et des outils. Mais, en ce lieu, la chasse devint périlleuse, car les buffles apprirent non-seulement à se défendre, mais à attaquer, et leurs cadavres n'étaient pas plus tôt au pouvoir de l'homme, qu'ils attiraient les animaux carnassiers, et qu'il fallait veiller sans cesse pour préserver non-seulement le butin, mais encore les hommes sans abri pour leur sommeil.

Ces dangers furent d'autant plus grands que l'on s'était dispersé sous l'empire d'un sentiment de farouche égoïsme, chacun voulant garder pour lui seul le rare butin des premiers jours. La crainte de manquer, la difficulté de vivre, la misère, en un mot, avait inauguré le règne du mal, plus encore que le sombre enthousiasme et les rêveries fanatiques de Mos.

Cependant, quelques-uns étaient restés

autour de celui-ci, et, partageant sa croyance, ils ne cessaient d'offrir à l'esprit du mal leurs sacrifices et leurs invocations. La fièvre du merveilleux leur fit inventer diverses pratiques d'un culte lugubre. Faisant des instruments de la corne des animaux, ils remplissaient les échos de la forêt du gémissement de ces trompes funèbres, et, tout à coup transportés d'une fureur sans but, enivrés de la puanteur des viandes grillées, ils figuraient, par des bonds sauvages et convulsifs, des danses sacrées autour de leurs bûchers. Ces tristes fêtes attirèrent les autres exilés, et l'on se réunit de nouveau sous l'attrait d'un culte extatique, formé de cérémonies violentes et d'émotions forcenées.

Un jour qu'ils étaient ainsi rassemblés, Mos qui s'était institué, avec l'assentiment de ses partisans, sacrificateur suprême et oracle inspiré, leur parla ainsi :

— Le moment est venu où votre haine,

votre audace et vos forces sont mûres pour le combat. C'est assez lutter contre les bêtes sauvages, contre la faim, l'horreur des bois et l'isolement. C'est contre nos frères ingrats qu'il faut lutter maintenant. Ils nous croient sans doute dévorés par la mer ou anéantis par la souffrance. Ils ne se méfient plus de nous, car ils n'ont point songé à nous poursuivre, et, depuis que nous sommes ici, les vents du ciel ont effacé la trace de nos pas. Soyons donc prêts à partir à l'aube prochaine. Armons-nous d'épieux et de massues. Nous marcherons tout le jour en nous tenant cachés dans cette zone de forêts dont le village des Libres marque la limite à la première élévation du plateau. Nous y arriverons à l'heure de la nuit où leur sommeil, appesanti par la nourriture et la volupté, nous en livrera plusieurs sans défense. Les autres, surpris et éperdus, se défendront mal. Cependant, soyons préparés à la résistance désespérée de quelques-uns. Je me charge, moi, du terrible Sath, car l'implacable esprit m'a parlé dans mon sommeil et il m'a dit : Marche, je te donne sa vie !

Des clameurs d'une joie furieuse accueillirent cette espérance. On se prépara; et, après avoir pris du repos, on se réunit au bord de la plus large bouche du fleuve, dont le cours traçait la route que l'on devait suivre. Mais aux approches du jour, ces hommes sans noble passion et sans véritable courage se sentirent faibles et demandèrent à leur chef le gage de ses promesses de victoires. Mos n'en avait pas d'autre à invoquer que l'exaltation soutenue qui faisait de lui un fanatique plus persévérant et plus dangereux que les autres. Pressé et menacé de nouveau, et ne sachant trouver de refuge contre le péril que dans sa croyance au mal, il rendit un oracle monstrueux :

— Offrez à l'esprit, dit-il, un sacrifice plus précieux que le sang des brutes ; donnez-lui du sang humain. C'est pour répandre celui de vos méchants frères que vous vous êtes armés, et l'esprit doute que vous ne reculiez pas devant une puérile horreur du sang fraternel. Répandez donc ici une offrande du vôtre pour vous aguerrir contre la lâcheté de votre nature et pour cimenter votre alliance avec l'esprit sans pitié.

En parlant ainsi, Mos se frappa lui-même légèrement de son arme, et quelques gouttes de sang rougirent sa poitrine.

Ce spectacle étonna et apaisa ses compagnons, et le préserva des coups qui le menaçaient. Ils hésitaient à suivre son exemple, lorsque le plus jeune de tous, qui s'appelait Ops, entraîné par un enthousiasme étrange, s'avança au milieu d'eux et dit :

— Ces jours sont ceux des choses nouvelles, et Mos nous a appris que ce que l'on voit et ce que l'on touche n'est pas tout ce qui est. Je le crois, car je sens en moi des transports de douleur et de joie qui ne me viennent pas de moi-même, ni d'aucun homme que je connaisse, ni d'aucune chose qui me trouble ou me charme. Je sens qu'il y a un esprit qui parle à quelque chose de moi qui n'est pas mon corps tout seul. Peut-être sommes-nous tous des esprits inférieurs, commandés par un esprit plus grand et plus fort que nous.

— Tu l'as dit, s'écria Mos, surpris d'une révélation qui ne lui était pas venue, ou qu'il n'eût pas su formuler. Nous avons tous un esprit inférieur qui entre et sort de notre corps, selon que l'esprit supérieur l'envoie ou le rappelle.

— Je ne sais rien de ce que tu expliques maintenant, reprit Ops avec candeur, car il me semblait que j'étais à la fois le corps et l'esprit tourmenté ou ranimé par le grand Esprit sans nom à toutes les heures de ma vie. Quoi qu'il en soit, cet esprit n'est pas ce que tu nous as dit. Il est bon et ne demande pas de sang, car sa forme est agréable à voir ; sa figure est celle d'une belle fille, et sa voix est une musique plus douce que le chant des oiseaux. Moi aussi, je l'ai vu en rêve, et il m'a dit :

« Donne-moi ton amour et ta volonté ; je ne veux pas d'autre sacrifice. »

LE CULTE DU MAL.

(Suite.)

Le Culte du mal.

(*Suite.*)

Et comme les exilés écoutaient et commentaient avec irrésolution en eux-mêmes les paroles du jeune homme, celui-ci, dont la physionomie était plus douce et l'œil plus rêveur qu'aucun des hommes nés depuis Evenor, regarda le premier sourire du crépuscule qui argentait le cours paresseux du fleuve, et, joignant les mains dans une sorte de ravissement extatique, il s'écria :

— J'ai bien parlé! j'ai parlé comme il m'était commandé, car le *voici*, qui se montre à moi, et si vos yeux ne sont pas obscurcis par le mensonge, vous pouvez le voir aussi bien que je le vois; là, sur les eaux, debout sur un cygne brun plus grand que tous ceux que produit la terre. Voyez! voyez s'il n'est pas tel que je vous ai dit! sa figure est celle d'une fille plus belle que toutes les filles qui naissent parmi nous, et sa voix chante mieux que le rossignol dans les nuits de printemps!

Ops s'élança vers le rivage; tous le suivirent, tous regardèrent, tous virent et entendirent ce qu'il annonçait : un cygne brun gigantesque, aux ailes blanches doucement gonflées, portant sur son dos une femme d'une beauté angélique, vêtue d'un brillant tissu d'amyante et d'une chlamyde de peau de panthère tachetée. Sa longue chevelure flottait à la brise matinale avec les bandelettes étoilées d'or et d'argent qui en séparaient les longs anneaux naturellement bouclés, et sa douce voix murmurait un chant mystérieux dans une langue inconnue aux hommes.

Mais, à son tour, celle qu'ils prenaient

pour une divinité et qui, relativement à eux, pouvait être appelée ainsi, les vit et les entendit. Elle cessa de chanter l'hymne sacré des dives qui lui avait été enseigné, et dont elle saluait l'heure matinale du départ, comme pour bénir ou consacrer chaque journée de son aventureux voyage. Effrayée à l'aspect de ces hommes farouches, hérissés, laids et souillés comme tous ceux qui vivent loin du regard des femmes, elle quitta la proue de la barque, et, se réfugiant auprès de son époux assis au gouvernail, et jusque-là caché aux exilés par le déploiement des voiles :

— Evenor, lui dit-elle, cesse de nous diriger sur ce rivage ; tu t'es trompé, cette rivière ne nous a pas donné l'entrée de la terre des hommes, car ceux que je viens de voir sont des êtres qui ne te ressemblent pas.

Evenor se pencha et vit les hommes de sa race ; il douta un instant, et, cessant de ramer :

— Ce ne sont point là les hommes de

ma tribu, dit-il ; ils sont d'un aspect moins doux et ne paraissent point heureux. Pourtant, ce sont des hommes, ma chère Leucippe, et notre mission s'étend à tous ceux qui ont le don de la parole.

L'hésitation de ce qu'ils appelaient le cygne brun changea en cris de détresse la muette stupeur des exilés. Persuadés que des esprits sortis du sein de l'onde venaient à leur secours, ils les attendaient avec un mélange de crainte et d'admiration; mais quand ils crurent que le cygne, arrêté sur les flots, allait s'envoler ou plonger sans toucher leur rivage, ils se jetèrent à genoux, étendirent les mains, et, suppliants, invoquèrent la protection des génies de l'eau.

— Tu le vois, dit Evenor à Leucippe, ils nous appellent et nous reconnaissent pour des êtres de leur espèce. Ils parlent, par conséquent, ils pensent, et, par là, ils sont nos frères. Cesse donc de les craindre, et permets-moi d'approcher pour les interroger sur mes parents.

— « Leurs cris m'épouvantent, dit Leucippe. Leur apparence me répugne. Je ne vois point de femmes parmi eux, à moins que ce ne soit celui-ci qui vient à nous en s'enfonçant dans l'eau jusqu'à la poitrine, et dont la figure paraît plus douce que celle des autres. Approchons-nous, car je vois qu'il ne sait point nager, non plus que les autres qui le suivent en tremblant.

Laissons-le monter sur notre cygne (Leucippe elle-même appelait ainsi la barque ouvrage d'Evenor), et sachons ce qu'ils nous crient; sachons ce que nous avons à craindre ou à espérer de leur rencontre.

Evenor céda au désir de Leucippe. Il tendit une de ses rames au jeune Ops, qui s'efforçait de l'atteindre et qui, aidé par lui, monta sur le cygne. Les autres, encouragés par son exemple, l'eussent suivi, au risque de faire sombrer la légère embarcation ; mais Evenor l'éloigna d'eux rapidement, tandis que Leucippe, se levant de nouveau à la proue et les repoussant tous d'un geste plein d'autorité, les remplit d'une terreur superstitieuse. Ils regagnèrent la rive, regardant et parlant tous avec agitation. De ce moment, Mos ne fut plus pour eux qu'un faux prêtre, adorateur d'un faux dieu. Le véritable esprit, c'était le cygne; l'homme et la femme qu'il portait étaient ses oracles, et Ops qui l'avait annoncé et que l'on voyait seul accueilli par lui, était l'élu du ciel et le prophète de la tribu errante.

Ce n'était point par l'effet d'une divination supérieure que ce jeune homme avait révélé l'apparition qui tout-à-coup venait confirmer sa parole. La nuit précédente, couché seul sur le sable de la mer, il eût pu voir, à la clarté des étoiles, le cygne cingler sur les vagues et s'arrêter à l'embouchure de la rivière. Là, tandis qu'Evenor amarrait son esquif pour passer la nuit au rivage, avant de s'engager dans les eaux fluviales, Leucippe était descendue à terre, et hasardant quelques pas sur cette rive inconnue, elle avait passé, sans le voir, auprès d'Ops endormi. Le sommeil des sauvages est méfiant et léger. Ops avait été réveillé par les pas de Leucippe. Il avait vu ses traits éclairés par la lune, et, immobile de surprise et de ravissement, il avait pu la contempler un instant. Mais elle s'était éloignée et comme évanouie dans l'ombre, et, rejoignant son époux, elle avait chanté l'hymne du soir d'une voix lointaine, douce comme la brise.

LE CULTE DU MAL.

(*Suite.*)

Le Culte du mal.

(*Suite.*)

C'était ces paroles d'amour et de bénédiction qu'Ops avait recueillies comme un oracle ; c'était cette suave figure qu'il avait entrevue. Il s'était levé pour la chercher, pour la voir encore et l'entendre de plus près. Mais le chant ayant cessé, les époux s'étant endormis dans la barque cachée sous les saules, Ops avait cherché en vain, et, persuadé qu'il avait été visité en songe par une vision délicieuse, il était venu au rendez-vous des exilés, décidé à rendre compte de la révélation qu'il croyait posséder.

Evenor dirigea la barque vers la rive opposée à celle d'où Ops était venu vers lui, et, contemplant son visage doux et bouleversé d'émotion, il lui demanda son nom et celui de sa tribu.

Croyant parler à un dieu, Ops, qui, du moment où il était monté dans la barque, s'était tenu tremblant sans oser lever les yeux sur lui et encore moins sur Leucippe, lui répondit d'un ton suppliant et respectueux :

— « Mon nom, tu le sais, esprit des eaux,

esprit secourable et bon ! Je suis Ops, le plus jeune des exilés de la tribu errante. Tu dois connaître nos infortunes à tous, et les miennes particulièrement, puisque tu daignes m'attirer jusqu'à toi sur le dos du cygne magique. Veuille me pardonner l'état misérable où tu me vois. Je devrais venir à toi les mains pleines d'offrandes ; mais je ne possède rien, et cette sombre forêt est inclémente pour les hommes. Considère, ô esprit des eaux, que je suis à peine sorti de l'adolescence, et que j'ai été entraîné par la crainte plus que par la méchanceté, à quitter ma famille et la tribu des hommes anciens. Nous avons été ingrats, mais nous ne leur avons point fait de mal ; tout le mal a été pour nous, puisque nous leur avons laissé les régions supérieures du plateau où la terre produit des fruits et nourrit des animaux doux en grande abondance, pour venir bâtir, à la limite des rochers, une ville pauvre, sur un sol maigre où il nous a fallu vivre de chair et de sang...

— Ainsi, dit Evenor, que le nom du

jeune homme avait fait tressaillir, les hommes du plateau sont restés heureux et tranquilles du côté des biens de la terre; mais ils ont vu partir tous leurs enfants mâles, et maintenant ils sont tristes et délaissés? D'où vient donc, fils cruels, que vous avez abandonné ainsi vos mères et que vous vivez sans sœurs et sans épouses au fond des bois? Et toi qui me parles, n'avais-tu pas une mère tendre entre toutes les autres, et ne crains-tu pas que ton absence ne lui donne la mort? »

Ops, croyant que l'esprit irrité interrogeait sa faute dans son cœur, raconta toute l'histoire des trois tribus, en accusant sa propre faiblesse, mais en se défendant avec sincérité d'avoir jamais pris part aux fureurs de la tribu errante et au culte de l'esprit du mal.

Quand Evenor connut toutes ces choses, il interrogea plus particulièrement Ops sur ses parents; puis, s'adressant à Leucippe dans la langue des dives, il lui dit :

— Tu as entendu, ô ma chère Leucippe, comme les hommes sont devenus insensés et malheureux. Regarde cet adolescent, que je n'ose encore presser dans mes bras; plains-le, et aime-le comme ton frère, car il est le mien : il est le fils de mon père et de ma mère, et je ne puis me fier à lui! Hélas! pourrons-nous-ramener à Dieu le cœur de ces exilés qui errent misérables et privés d'amour? C'est peut-être ainsi que je fusse devenu, même dans le beau jardin d'Eden, si Dieu ne m'eût permis de te rencontrer, ô ma bien-aimée! L'absence de la femme est pour l'homme la mort de l'âme. Mais le malheur a développé chez ceux-ci le besoin d'invoquer la toute-puissance, et quoiqu'ils l'invoquent précisément sous les attributs qui lui sont contraires, la haine et la vengeance, ils sont peut-être plus faciles à ramener et à éclairer que ceux de la nouvelle tribu sédentaire. Je vois bien que Mos est un esprit troublé et qu'il s'est fait le prêtre de la folie; mais Sath, qui s'est fait, par la violence envers ses semblables et le mépris des choses célestes, le prêtre de l'indifférence, sera peut-être plus fatal à sa race.

— Je le crois comme toi, dit Leucippe, mais je redoute les premiers moments que nous allons passer parmi ces hommes égarés. Puisqu'ils croient à un pouvoir supérieur à la force humaine, et que ton frère nous invoque comme des esprits secourables, ne te hâte pas de les détromper, et crains que s'ils me connaissent pour une mortelle semblable à eux, quelqu'un d'entre eux ne veuille m'arracher à toi. »

Cette crainte fit frémir Evenor.

— « Hélas ! dit-il, est-ce ainsi que je devais retrouver les hommes de ma race? Et ces frères que je croyais pouvoir presser dans mes bras avec transport après une si longue absence, sont-ils donc des ennemis et des fléaux que je dois redouter plus que les flots de la mer et les monstres de l'abîme ! O Téleïa, si tu avais prévu de tels dangers pour ta fille adorée, l'aurais-tu poussée à les affronter avec moi?

— Conduis-moi dans ta tribu auprès de tes parents, reprit Leucippe. Là, tu enseigneras aux hommes jeunes qui y sont restés, l'art de naviguer sur les eaux. Alors, nous repasserons ce fleuve avec eux, et nous viendrons chercher ceux-ci, pour ramener leurs âmes et leurs corps égarés dans le désespoir et la solitude.

— La prudence conseille ce parti, répondit Evenor, et pourtant le devoir me défend d'abandonner ces hommes qui se disposent à aller égorger leurs frères, si je ne réussis pas à les en détourner. Tiens,

Leucippe, allons les trouver ; je descendrai sans toi sur le rivage avec Ops. Toi, tu te tiendras à portée de fuir s'il m'arrive malheur. Tu reprendras la mer, que tu sais maintenant affronter aussi bien que moi-même, et tu iras dire à la dive : Evenor nous attend maintenant dans un monde meilleur, car il a fait son devoir dans celui-ci.

— Non, je ne fuirai pas, dit Leucippe. Puisque tu abandonnes ta vie au devoir, j'abandonne la mienne aussi. Donne-moi un de ces dards avec lesquels tu as tué la première biche dans l'Eden. Je ne crains rien des hommes : je saurai me tuer avant de devenir leur proie. »

LA FAMILLE.

XI

La Famille.

Cependant, Evenor et Leucippe jugèrent prudent de remonter dans leur barque jusqu'à un îlot voisin, séparé de la tribu errante par un canal étroit et profond. De là ils pouvaient converser avec elle et fuir facilement en cas d'hostilité.

Ils abordèrent à cet îlot ombragé par le côté opposé aux regards des exilés, et la barque, cachée dans les roseaux, ne put être examinée de trop près. Ce fut une heureuse inspiration, et l'oiseau magique que ces hommes crédules n'avaient pas encore compris, conserva son prestige et assura l'autorité du couple divin parmi eux.

Quand les exilés, remontant aussi le rivage, furent en face de l'île, Evenor leur dit d'un ton sévère :

— « Lequel de vous est Mos, qui se prétend inspiré de l'esprit, et qui vous a révélé l'existence d'un pouvoir appelé le méchant, le cruel et l'implacable ? »

Mos s'avança, désigné et forcé par les

autres à montrer son visage couvert de honte et de dépit.

— « C'est moi, dit-il, qui ai vu cet esprit en rêve et qui ai reçu de lui les ordres que j'ai transmis à mes frères ! Si tu es ce même esprit, revêtu d'une forme plus douce et porteur de paroles plus belles, je suis prêt à te rendre hommage. Je vois à tes armes brillantes, faites d'une matière inconnue, que tu nous apportes la guerre. Donne-nous donc à tous des armes comme celles-ci, et guide-nous au combat. Vous le voyez, ajouta-t-il en se tournant vers les exilés, vos sacrifices ont été accueillis, et voici qu'un Dieu vient à vous, non plus terrible et hideux comme il m'apparaissait dans sa colère, mais souriant et propice, tel qu'il est devenu depuis que, par nos hommages et l'offrande de mon sang, nous avons su l'apaiser.

— Mos, reprit Evenor, tu es plus rusé dans ton délire que je ne l'aurais imaginé.

Mais détrompe-toi et hâte-toi de détromper ces hommes égarés par toi dans le rêve d'un culte impie. Ce n'est pas l'offrande du sang qui m'attire et me décide à venir à vous. »

Et il ajouta, en leur montrant Ops, qui était à ses côtés :

« C'est la parole douce de cet enfant,

que je consens à instruire, afin qu'il devienne votre conseil et votre guide. Quant à toi, Mos, nous t'instruirons aussi pourvu que tu le désires sincèrement et que tu reconnaisses ton erreur, car tu as été la dupe de tes songes, et l'esprit méchant que tu as révélé n'a jamais existé qu'en toi-même. »

L'arrêt d'Evenor fut accepté au delà de ce qu'il avait souhaité, car les exilés, indignés contre Mos, voulurent le frapper et le chasser d'au milieu d'eux. Mais Evenor ne voulait pas inaugurer sa révélation par des actes de violence. Il commanda qu'on le laissât tranquille, et comme il avait peine à calmer leurs esprits, il leur dit :

— « Je vous abandonnerai, si vous ne respectez pas la vie et la liberté de cet homme, car je le mets sous la protection de la fille du Ciel. Ecoutez, hommes de douleurs et de ténèbres : Cette femme est un être consacré par la parole divine. Elle a été élevée et instruite par un esprit supérieur, par une dive, héritière des secrets de la race illustre qui posséda la terre avant nous. J'ai été, comme elle, initié et consacré par la notion divine et par l'hyménée religieux, dans le beau jardin de l'Eden, un lieu splendide où la terre est toujours fleurie et l'air toujours pur, mais qui n'est accessible aujourd'hui qu'aux élus du ciel. Respectez donc cette femme comme un gage d'alliance entre le ciel et vous ; écoutez sa parole inspirée, et qu'elle même vous dise pourquoi elle pardonne à ce coupable et vous commande de lui pardonner.

— Qu'elle parle, s'écrièrent les exilés, que la femme parle, et nous l'écouterons comme toi-même. »

Alors Leucippe, faisant un effort sur sa timidité méfiante, leur dit en désignant Mos vaincu et atterré :

— « Cet homme a subi le mal du désespoir, et s'il vous a trompés, c'est parce qu'il s'est trompé lui-même. Il a cru trouver votre salut dans sa pensée, et maintenant il voit qu'il vous eût conduits à votre perte et à la sienne; car les libres sont plus forts et mieux défendus que vous, et à présent qu'ils ont épousé des femmes, c'est par eux seuls que ces femmes doivent être gardées et protégées. Ils n'ont eu, dans le principe, d'autres droits sur elles et sur vous que celui de la force. Vous avez reconnu que ce droit était inique. Comment pourrait-il devenir légitime entre vos mains plus qu'il ne l'est dans les leurs? Est-ce par la violence que vous réparerez la violence et par le mal que vous détruirez le mal? Cessez donc d'être jaloux de la possession de ces femmes qui sont devenues impures si elles ont cédé sans rougir à la brutalité de vos aînés, et qui le seraient encore plus si elles cédaient maintenant à la vôtre. Ce n'est pas dans le sang et dans la fureur que Dieu consent à bénir l'amour : c'est dans l'innocence et dans la liberté des âmes. Songez donc à retourner dans la tribu de vos pères et à leur demander le pardon de votre fuite et la bénédiction de vos mariages. Les vierges pures sont restées auprès d'eux, d'autres ont eu la sagesse et la fierté d'y retourner, aimant mieux vivre sans époux et sans enfants que sans respect et sans amour. Allez donc faire oublier votre folie. Lavez sur vos corps ce sang des animaux dont vous êtes couverts, et que vos mains se dessèchent plutôt que de jamais verser le sang humain. Renversez votre autel impie, ou consacrez-le par un nouveau culte avant de l'abandonner, afin que si vos enfants se répandent de nouveau quelque jour dans ces forêts sauvages, ils puissent dire : C'est là que nos pères ont été réconciliés avec le ciel. »

La parole d'Evenor avait été accueillie avec soumission ; celle de Leucippe le fut avec enthousiasme. Sa beauté exerçait un prestige irrésistible, et malgré l'égarement de ces hommes, elle dominait leurs instincts par la céleste chasteté qui émanait de son regard et de son attitude. Bien qu'Evenor, répugnant au mensonge, leur eût dit qu'elle appartenait à leur race, ils voyaient en elle un esprit si réellement supérieur à eux, qu'ils se sentaient forcés au respect et même à la crainte. Mos lui-même, quoique dépossédé de son influence, était ému, et son exaltation changeait de but et de nature.

LA FAMILLE.

(*Suite.*)

La Famille.

(*Suite.*)

— « Fille du ciel, dit-il en se prosternant devant Leucippe, nous sommes prêts à t'obéir, car, pour que tu nous commandes de repasser le fleuve qui nous sépare de la tribu des anciens, il faut que tu aies le ecret merveilleux de détourner ces eaux ou d'arrêter sa course ; à moins que le cygne divin ne consente à nous porter sur son dos jusqu'à l'autre rive !

— Le cygne obéit aux hommes de bonne foi et de bonne volonté, répondit Evenor ; mais, avant que je lui commande de vous prêter son secours, je veux connaître davantage vos bonnes résolutions. Nous ne consentirons pas à conduire à la tribu de vos pères des fils indociles et grossiers, toujours prêts à croire aux prodiges et ne comprenant les lois de l'esprit que par des preuves matérielles. Recueillez-vous donc et priez. Priez celui que vous ne connaissez point de se faire connaître, non pas à vos yeux qui ne le contempleront jamais que dans ses œuvres, mais à vos cœurs qui peuvent devenir dignes de le comprendre. Nous descendrons demain parmi vous, et si nous vous retrouvons fidèles à nos enseignements, bientôt nous vous guiderons nous-mêmes vers vos familles délaissées. »

Les exilés étaient si consolés et si ravis qu'ils promirent tout ce qu'Evenor souhaitait. Il exigea d'eux qu'ils iraient sur l'heure renverser leur autel ou le préparer pour un nouveau culte. — « Faites, leur dit-il, ce que votre esprit vous conseillera pour une cérémonie agréable au vrai Dieu ; c'est à vos préparatifs que nous connaîtrons si votre régénération peut être accomplie par nous. »

La tribu errante s'éloigna donc du rivage. Evenor et Leucippe allèrent passer le reste du jour sur la rive opposée avec le jeune Ops qu'ils commencèrent à instruire et qu'ils trouvèrent docile à l'inspiration et porté à l'étude des choses divines. Le lendemain, avant le jour, ils abordèrent du côté de la tribu et, guidés par Ops, ils virent l'autel barbare où Mos avait institué son culte diabolique. Ils le trouvèrent paré de branches et de fleurs. Les ossements des victimes avaient disparu, et bientôt on entendit les fanfares des exilés qui s'essayaient sur leurs trompes à des accents joyeux, en s'appelant les uns les autres.

Leucippe dit alors à son époux :

— « Il faut à ces hommes des signes extérieurs et des cérémonies religieuses. La divine Téleïa n'a pas voulu nous enseigner son culte : elle nous a dit de demander à notre cœur les formules d'adoration qui conviennent à notre nature. Prions donc, pour que Dieu nous inspire celles qui nous mettront en rapport avec la simplicité de ces hommes avides de s'éclairer. Vois, comme ils ont déjà compris, par l'emploi de ces fleurs, que la grâce et la beauté de la nature sont les ornements du vêtement de l'éternel Créateur ! »

Evenor et Leucippe montèrent au faîte de l'autel pour l'examiner : mais bientôt ils se virent entourés par les exilés pleins de ferveur qui leur demandaient, en tendant les mains vers eux, d'offrir pour eux le sacrifice au Dieu inconnu dont ils devaient révéler le mystère.

Mos vint le dernier; après quelques hésitations il avait résolu, autant par conviction que par un secret besoin de conserver son initiative, de profiter ardemment de la lumière nouvelle. Il s'adressa donc à Leucippe et lui dit :

— « Fille du ciel, tu ordonnes sans doute que je monte avec toi sur l'autel pour t'aider à le consacrer. Voici que je t'apporte les offrandes : deux colombes, symbole de douceur, et dont le sang pur ne peut qu'être agréable à la divinité que tu sers. »

Evenor se baissant, prit les colombes et les présenta en souriant à Leucippe, qui les tint dans ses blanches mains contre sa poitrine.

— « Moi, dit-elle, je vois que tu t'es

efforcé de méditer nos paroles, mais tu ne les as pas encore comprises, et tu n'es pas encore assez purifié toi-même pour venir avec nous purifier l'autel. Tu persistes à croire que notre Dieu veut du sang et qu'il se plaît aux convulsions de l'agonie de ses créatures. Sache le contraire. La moindre de ces créatures lui est précieuse, et c'est un crime de l'immoler sans nécessité. Mais je ne méprise point ton offrande, et voici comment il faut la rendre agréable à Dieu : »

En parlant ainsi, Leucippe éleva ses

mains vers le ciel, et, en les ouvrant, elle laissa envoler les deux colombes.

— « Comprenez le sens de cette action, dit Evenor aux exilés muets d'étonnement. Les animaux de la terre vous ont été donnés pour vos besoins et non pour des jeux cruels et des symboles meurtriers. Si vous croyez que le ciel exige de vous des sacrifices, vous avez raison. Il veut celui de vos instincts farouches, de votre orgueil et de vos ressentiments. Ce que vous représentez dans vos fêtes religieuses doit n'être que l'expression figurée de votre soumission et des instincts généreux qu'il réclame de vous. Offrez lui donc, non la mort et l'oppression d'aucun être, mais la liberté et la vie qui sont l'expression passagère de son action incessante dans l'univers. »

Evenor et Leucippe, se voyant écoutés avec émotion, commencèrent alors, tour à tour, à instruire leurs frères. Ils leur révélèrent ce qu'ils savaient de la nature de Dieu, de son unité et de sa loi d'amour et de bonté étendue à tous les mondes de l'infini, et à toutes les créatures selon la mesure de leurs besoins relatifs; aux substances animées les conditions de la vie physique; aux substances intelligentes les conditions de la vie morale; aux plantes et aux animaux l'air, le soleil et la terre nourricière pour s'alimenter et se reproduire; aux hommes, tous ces biens sentis et appréciés par une notion supérieure, pour s'alimenter et se reproduire dans le sens matériel et divin.

Ils leur révélèrent aussi, à mesure qu'ils se virent de mieux en mieux compris, la vie éternelle des âmes, les expiations et les récompenses dans le présent et dans l'avenir, l'amour des sexes, basé sur le dévouement, et incompatible avec l'oppression d'un sexe par l'autre; l'amour fraternel, basé sur le respect du bonheur d'autrui et du dévouement à toute la race, considérée comme famille-mère de toutes les familles particulières ; enfin, tout ce que la dive leur avait enseigné, et qu'ils surent mettre à la portée de ces enfants adultes, par de poétiques symboles et d'ingénieux apologues.

LA FAMILLE.

(Suite.)

La Famille.

Après ces communications solennelles, les deux époux virent qu'ils n'avaient plus rien à craindre de ces hommes, et Evenor, voulant se faire connaître à eux, leur dit son nom ; alors le jeune Ops, se jetant dans ses bras :

— « O mon frère, s'écria-t-il, ne te souviens-tu donc pas de moi? de moi qui, malgré mon jeune âge, avais gardé la mémoire de tes traits et m'imaginais te reconnaître sous ceux de quelque divinité bienfaisante? Hélas! j'ose à peine te regarder ; car, après les larmes que ta fuite a coûtées à notre mère, je suis cent fois plus coupable qu'un autre de l'avoir quittée aussi.

— Sois pardonné, ô mon frère, répondit Evenor en le serrant dans ses bras, puisque nous allons porter à ceux qui nous ont donné le jour la consolation et la joie. J'ai le droit de te promettre ce pardon de leur part, car ce n'est pas ma volonté qui m'a éloigné d'eux si longtemps. »

C'est alors qu'Evenor raconta son histoire et donna une nouvelle autorité à son enseignement en révélant l'histoire des dives. Il passa ensuite quelque temps avec Leucippe parmi les exilés ; car, malgré l'impatience qu'il éprouvait de revoir ses parents, il n'osait transporter ces fils coupables sur l'autre rive, avant de les avoir ramenés à la vie d'innocence, avec ces notions de morale et de religion sans lesquelles l'innocence ne pouvait plus suffire à la famille humaine. Les exilés acceptaient sa parole avec ardeur ; la beauté idéale du couple divin, sa douceur dans la supériorité et sa sagesse dans l'enthousiasme eussent suffi à dominer des âmes neuves, quand même la science, venue des dives, n'eût pas revêtu un caractère merveilleux et un attrait invincible pour l'imagination.

Enfin le moment vint où la barque put transporter par petits groupes les exilés à l'autre bord. Evenor leur ayant fait examiner et comprendre cette invention de l'industrie humaine, l'amarra fortement dans un endroit convenable; puis on quitta le fleuve et on commença bientôt à remonter les versants du plateau, en évitant de s'approcher du village des libres, dont on craignait les insultes. Evenor, s'étant fait indiquer la position de cet établissément, dirigea sa troupe par le raisonnement et par l'orientation, et, en peu de jours, il revit les cabanes de sa tribu.

Le départ des hommes nouveaux avait

changé l'existence des hommes anciens. Plus de la moitié des familles s'étant trouvées tout à coup privées de leurs membres les plus actifs et les plus énergiques, l'ancienne tendance à l'apathie avait repris son empire. A la douleur des mères avait succédé un redoublement d'amour pour les jeunes enfants ; mais en même temps, une vive crainte de les voir bientôt s'affranchir du joug de l'habitude pour se créer une existence à part, avait instinctivement contribué à entraver leur développement naturel. Les jeunes vierges qui avaient fui et qui étaient revenues, étaient punies et de leur départ et de leur retour. On les avait accueillies avec joie, mais on ne savait pas leur tenir assez de compte d'une faute rachetée par le repentir et fièrement expiée par le célibat, car les jeunes hommes restés dans la tribu leur avaient préféré celles de leurs compagnes qui ne l'avaient pas quittée, et leur existence était mélancolique, leur attitude chagrine et hautaine. Les jeunes parents se sentaient entraînés vers la nonchalance, lassitude de l'âme, qui s'empare d'autant plus aisément de l'homme qu'il a moins réfléchi et moins souffert. L'inexpérience a peu de force pour combattre. Les vieillards s'étaient sentis sollicités par l'égoïsme, du moment où une notable portion de leur famille, et par conséquen leur âme, s'était séparée d'eux. Les nouveaux époux, comparant leur sort avec celui des filles vierges, privées d'avenir, et des absents privés de femmes, se disaient naïvement :

— « Nous avons bien fait de rester ici et

de ne nous laisser aller à aucune nouveauté. Les autres sont à plaindre. » Et, en disant cela, ils ne songeaient pas à les plaindre réellement. Enfin, dans la tribu-mère, la virtualité humaine rétrogradait, par suite du trop rapide essor qu'elle avait voulu prendre dans les tribus nouvelles.

Une seule femme avait gardé l'énergie de son cœur : c'était Aïs, la mère d'Evenor. La première parmi celles de sa race, elle avait souffert et elle avait agi. Pendant des années, elle avait pleuré et cherché son enfant. La fuite de son second fils avait ravivé ses douleurs et elle avait essayé aussi de retrouver celui-là. Elle avait couru après lui, elle avait essayé de franchir le fleuve, elle avait failli y périr. Elle y était retournée déjà deux fois, et elle s'était promis d'y retourner jusqu'à ce qu'elle pût le traverser.

Quand la caravane des exilés parut dans

la plaine, aux rouges clartés du soir, il y eut un cri de surprise dans la tribu. Ce fut une des filles vierges qui l'aperçut la première et qui s'écria :

— « Voici ceux qui ont voulu nous commander et qui, las de vivre sans nous, reviennent maintenant nous parler avec douceur. Mais, si vous m'en croyez, nous n'irons point avec eux une autre fois, et nous les obligerons de demeurer ici avec nous.

Quelques-unes se réjouirent, d'autres s'effrayèrent. Peut-être, disaient-elles, le méchant Sath est-il à leur tête, et ferions-nous bien de nous cacher, pour qu'on ne nous emmène pas malgré nous.

Mais il y en eut qui, ne pouvant tenir à leur curiosité ou à l'impatience d'assurer leur union retardée, coururent ingénûment, quoique tremblantes, à la rencontre des arrivants.

Cependant une femme les devança, une

femme encore belle et agile, quoique ses cheveux eussent prématurément blanchi et qu'elle eût affronté de grandes fatigues. C'était Aïs, qui n'avait jamais passé un jour sans promener, par une douloureuse habitude mêlée d'espoir, ses regards inquiets sur la plaine, avant de rentrer dans sa cabane. Dès qu'elle avait vu paraître la tribu voyageuse, elle s'était élancée, et la voilà qui courait au devant d'Evenor, comme si elle eût été assurée de son approche.

Comme un berger qui ramène son troupeau vers le bercail, Evenor marchait le premier, prêtant l'appui de son épaule et de son bras à sa chère Leucippe, un peu fatiguée et penchée sur lui.

Dès qu'il vit accourir sa mère, il la reconnut, non pas à ses traits qui avaient changé et qu'il se rappelait faiblement, mais à l'émotion qu'elle laissait paraître et à celle qu'il éprouvait lui-même ; et avant qu'Ops, qui marchait à ses côtés, lui eût dit :

« C'est elle! » il s'était écrié en entraînant Leucippe à sa rencontre : « La voilà ! »

Aïs cherchait des yeux son jeune fils, et dès qu'elle le vit, elle ne vit plus que lui. Elle croyait qu'Evenor n'était plus, et elle ne pouvait pas compter sur une double joie, mais dès qu'elle tint Ops serré contre sa poitrine, elle leva les yeux sur le beau couple qui réclamait ses caresses, et, saisie d'admiration et de respect, elle dit : « Voici deux envoyés du ciel qui me ramènent mon fils; qu'ils soient bénis! »

Aïs avait trouvé en elle-même la notion de Dieu, sans autre révélation que celle de la douleur.

— « O ma mère, dit Evenor, tu as deviné

le ciel; et voilà qu'il nous réunit parce que tu n'as pas douté! »

Aïs tomba sur ses genoux, et, dans une sorte de délire, elle embrassa la terre, disant :

« — O heureux ceux qui naissent et ceux qui meurent ici-bas, puisque des enfants leur sont donnés! »

Puis, elle contempla Evenor avec ivresse et Leucippe avec adoration, et elle ne pouvait ni leur parler ni les écouter. Elle questionnait Ops sur leur compte, comme si elle les eût pris pour les images d'un rêve, et elle n'entendait aucune réponse. Elle parlait au hasard et disait des mots qu'elle n'entendait pas elle-même. Puis, tout à coup, elle les quitta pour aller chercher son mari et ses filles qui approchaient plus lentement, et, voulant leur dire quelle joie leur arrivait, elle ne put que pleurer.

Pendant qu'Evenor savourait les caresses et les transports de sa famille, les exilés n'étaient pas accueillis par les leurs avec une joie sans mélange. Leur maigreur et leur pâleur que l'on ne s'expliquait point, car, dans cette heureuse région, nul n'avait jamais souffert de la faim et de la fatigue, inspiraient une sorte de crainte, et leurs mères elles-mêmes hésitaient à les reconnaître. Les vieillards s'inquiétaient davantage de leur aspect et se disaient tout bas entre eux :

« Voici du trouble et des agitations qui

nous avaient quittés et qui nous reviennent, quand on commençait à oublier le mal et la peine. »

Evenor vit bien que ces enfants prodigues ne savaient pas expliquer leur repentir, et qu'il fallait les aider à reconquérir l'amour de leurs parents. Il parla en leur nom ; il raconta non pas tous leurs égarements, mais toutes leurs douleurs, et Leucippe, parlant à son tour, acheva d'attendrir les cœurs et de ramener la confiance.

Dans sa propre tribu, malgré sa longue absence et les lumières qu'il y avait puisées, Evenor n'inspira cependant pas l'enthousiasme qui l'avait accueilli chez les exilés. Les imaginations étaient plus froides et l'abondance des biens de la vie ne prédispose pas aux affections exaltées. Excepté dans le cœur de son père et de sa mère, il ne rencontra chez personne une docilité aussi soudaine que celle qui s'était offerte à ses enseignements dans la forêt des sacrifices.

Sans Leucippe, il est à croire qu'il n'eût

acquis aucune influence chez les anciens, enclins, comme tous les hommes sédentaires et satisfaits, à nier ce qu'ils n'avaient pas éprouvé. Mais Leucippe, d'origine inconnue, Leucippe, plus dive que femme par sa beauté particulière, par le don du chant et par le don du langage élevé et attendri, par son ignorance même des réalités de la vie pratique telle que les hommes l'entendaient, Leucippe enfin, traitée par Evenor avec une adoration respectueuse dont les hommes n'avaient aucune idée dans leurs faciles rapports avec leurs compagnes, revêtit subitement à leurs yeux un caractère exceptionnel, et quand, pour la première fois, Evenor leur parla des choses divines, ils voulurent adorer Leucippe comme une divinité : « Ne nous trompe pas, disaient-ils ; ta Leucippe n'est point de la même nature que nous. Elle connaît les secrets du ciel, et elle n'est pas née comme toi d'un homme et d'une femme, mais de cette écume des eaux où tu dis qu'une géante l'a trouvée. »

Il fallut bien des jours avant que la révélation de Téleïa fût acceptée et comprise d'une partie de la tribu sédentaire. Cette notion se répandit plus facilement dans la jeunesse que chez les esprits refroidis par l'âge. Elle était d'ailleurs présentée avec trop d'élévation et de candeur pour s'emparer d'une situation tranquille et d'une ignorance paresseuse. Si Leucippe eût voulu exploiter le prestige qu'elle exerçait, si elle eût consenti à personnifier la puissance suprême et à s'attribuer le don des miracles, elle eût pu en faire; mais sa modestie repoussait toute imposture, et quand on vit qu'elle ne procédait que par la vérité, on retomba dans l'indifférence.

LE PARADIS RETROUVÉ.

XII

Le Paradis retrouvé.

Evenor voulut en vain initier sa tribu aux découvertes des dives dans l'industrie, dans l'extraction et la mise en œuvre des métaux, et dans l'emploi du bois façonné par le fer aux divers usages de l'activité humaine. Ses proches parents et ses amis de la forêt maritime étaient les seuls qui cherchassent auprès de lui l'instruction morale et les arts de la pratique. Il eût fallu l'accord de toutes les volontés pour tenter des choses utiles, et ceux de la tribu sédentaire repoussaient généralement tout progrès et toute fatigue. Leucippe enseignait aux femmes et aux sœurs des exilés à broyer, à filer et à tisser les écorces et les tiges filamenteuses. Les autres femmes eussent voulu qu'au lieu de leur donner l'exemple du travail, elle trouvât une recette magique pour leur procurer des ornements semblables à ceux que la dive lui avait donnés et qu'elles s'obstinaient à croire tombés du ciel. Il ne fallut parler à aucun homme ni à aucune femme de la cité primitive, d'apprendre à tracer et à lire les caractères écrits. On demandait que les préceptes fussent des amulettes, et le moindre caillou, doué d'une fausse vertu magique, leur eût été plus précieux que les formules de la vertu praticable.

De son côté, Mos ne sachant pas renoncer aux amers triomphes de la vanité, bien qu'il eût reçu d'Evenor la notion divine, et que son intelligence l'eût admise dans une certaine mesure, s'efforça adroitement de ressaisir l'autorité. Il échoua auprès des exilés et de leurs femmes, car ils s'étaient mariés, et, sous l'inspiration d'Evenor et de Leucippe, ils commençaient à sentir les douceurs de l'amour vrai. Ils avaient changé leur nom d'exilés en celui de *réconciliés*.

Mos, ne pouvant rien sur eux, s'adressa

aux anciens, et, en même temps qu'il leur parlait des puissances occultes, il flattait l'instinct superstitieux en expliquant les rêves et en inventant des pratiques secrètes d'invocation, consistant en actes extérieurs, et non en efforts de la conscience et de la volonté. Ce culte convenait mieux à leur paresse princière que le travail de la pensée, et il eut de nombreux adhérents. Mos, redevenu plus heureux, avait abjuré les rites sanguinaires. La religion douce apportée par les élèves de la dive lui ouvrait une nouvelle source d'enthousiasme, car il était de nature mystique ; et, ainsi qu'il arrive souvent chez les hommes de cette trempe, il savait allier une foi sincère à un grand orgueil et à de certaines hypocrisies.

Evenor vit donc que l'influence de la pure vérité ne pouvait s'étendre sur tous les hommes à la fois, et qu'il fallait aux uns des idées, aux autres des figures, à d'autres enfin des faits. Il se soumit d'abord avec douceur à la résistance des divers instincts, estimant sa tâche assez grande s'il pouvait faire quelques disciples parmi ses semblables; mais, peu à peu, la guerre jalouse que Mos, tout en exploitant et en altérant les précieuses notions qu'il avait reçues de lui, faisait sourdement à son apostolat, attrista son âme, et il se retrouva vis-à-vis de lui-même comme au temps de son enfance où il avait souffert dans son orgueil et dans le sentiment de sa supériorité. Il était homme, et rien n'est plus difficile à l'homme que de distinguer l'amour ardent du prosélytisme de l'estime ardente de soi-même.

Il avoua son affliction à Leucippe, et, un jour qu'ils en parlaient ensemble, lui se livrant à quelque amertume de cœur, elle le plaignant avec la complaisance un peu aveugle de l'amour, leurs pas se dirigèrent assez loin des cabanes, vers un endroit où Evenor s'arrêta tout-à-coup, frappé d'un vif souvenir, et s'écria : « O ma chère Leucippe, c'est ici qu'il y a déjà bien des années je vins pleurer seul la résistance de mes jeunes compagnons à mon initiative. J'avais voulu, ma mémoire ressaisit à présent ce détail, établir l'égalité de droit dans nos jeux, et faire que les plus robûstes n'eussent pas plus d'avantage que les plus faibles dans le partage des amusements. Je ne fus point écouté; je restai seul, triste et irrité. Je m'absorbai dans ma souffrance intérieure; je laissai passer les heures; puis je voulus revenir et je m'égarai. Je n'ai jamais su comment j'étais entré dans l'Eden, ni le temps qu'il m'avait fallu pour en approcher; car une fièvre et une ivresse s'étaient emparées de moi. Mais Téleïa nous l'a dit : Du côté des montagnes, l'Eden est bien près des établissements des premiers hommes, tandis que, par la mer, il nous a fallu plusieurs journées pour atteindre l'embouchure du fleuve, seul endroit accessible de la côte. Il me semble que si nous faisions quelques pas de plus, nous apercevrions les dernières élévations du plateau et les sommets bénis de nos montagnes de l'Eden.

— Oh! si je le croyais, dit Leucippe, cette vue calmerait mon âme blessée de ta blessure, et la pensée que je suis plus près de ma mère chérie m'aiderait peut-être à supporter la longueur de notre séparation. »

Ils marchèrent tout le reste du jour ; ils dormirent sous les ombrages, et, le lendemain, ils reconnurent les cimes sublimes des montagnes d'Eden, dont ils suivaient la base abrupte et impénétrable, avec une émotion ardente et presque désolée. —

Ah ! que ces oiseaux sont heureux ! disait Leucippe en regardant les aigles tournoyer comme des points noirs à peine saisissables au-dessus des crêtes blanchies par l'aube ; d'où ils sont, ils voient notre jardin des délices, notre belle et chère demeure, et peut-être notre divine Téleïa cultivant nos fleurs et faisant manger dans sa main nos biches favorites. »

Le bruit d'un torrent attirait leurs pas ;

Evenor, devançant sa compagne, reconnut l'ancienne brèche formée par le tremblement de terre. De ce côté, elle était facile à escalader. Il pria Leucippe de l'attendre, et bientôt elle entendit un cri de surprise et de joie. Evenor, caché dans les rochers, reparut et lui dit des paroles que l'éloignement ne lui permit pas de saisir. Impatiente, elle gravit hardiment jusqu'à lui et le vit occupé à entailler la montagne avec sa hache. La roche, tendre et friable en cet endroit, avait cédé à l'effort des eaux et s'était trouée; Evenor élargissait l'ouverture avec ardeur, se disant que si le bloc était partout de même nature, quelques heures de travail lui suffiraient peut-être pour s'y creuser un passage.

Tandis qu'il s'y passionnait, Leucippe alla lui chercher des fruits pour étancher sa soif, et comme elle suivait avec précaution la corniche du rocher pour approcher d'une touffe de fraisiers, elle vit une ouverture plus large et antérieure au travail des eaux, d'où la terre et les graviers s'étaient détachés récemment. Elle y entra et, en peu d'instants, elle aperçut l'Eden. Alors elle revint, essoufflée et triomphante, vers son époux. Laisse-là ce travail, lui dit-elle ; une porte s'est ouverte d'elle-même depuis notre départ. Bénissons le ciel qui nous a permis de la trouver !

LE PARADIS RETROUVÉ.

(*Suite.*)

Le Paradis retrouvé.

(*Suite.*)

Plusieurs saisons s'étaient écoulées déjà depuis que les époux avaient quitté leur solitude, et il leur semblait que c'était des années, car le temps se mesure aux émotions plus qu'à la durée. Traverser l'Eden fut pour eux comme un rêve. Leucippe volait plus qu'elle ne marchait, et elle ne s'arrêta pas un instant pour regarder sa cabane. Elle cherchait sa dive bien-aimée, et quand elle arriva au Ténare, inquiète, haletante, elle se sentit faiblir, comme au pressentiment d'un grand malheur. Evenor la soutint pour entrer dans la grotte. La grotte était déserte. Le lit de peau d'ours était dérangé et traînant. La louve apprivoisée par Téleïa s'en était emparée et y nourrissait ses petits. Elle gronda d'abord, puis, reconnaissant Leucippe, elle vint ramper à ses pieds.

— « Oh ! ma mère n'est plus, s'écria Leucippe ; et je n'ai pas recueilli son dernier souffle ! Malheur à moi ! malheur à notre exil sur la terre des hommes ! »

Elle se traîna jusqu'aux rochers de la

Solfatare et y pénétra, oubliant la défense que Téleïa lui avait faite autrefois d'en approcher, et, ne songeant plus qu'à retrouver les restes de cette mère chérie. Des vapeurs suffocantes sortaient de l'abîme, et Evenor arrêta sa femme avec effroi en la voyant pâlir et perdre la respiration.

— « J'irai, lui dit-il; au nom du ciel, reste ici. »

En ce moment, des hurlements plaintifs se firent entendre, et les chiens de la dive, sortant du gouffre, vinrent, comme avait fait la louve, caresser tristement Leucippe.

— « Viens, dit Leucippe à son époux. Puisque ces animaux fidèles ont pu braver l'air embrasé de ces cavernes, nous le pouvons, nous qui avons la volonté, et s'ils sont là, c'est que, morte ou vivante, celle qu'ils aiment y est aussi. »

Ils pénétrèrent dans les cavernes et y trouvèrent la dive étendue sur une cendre blanchâtre, éclairée par les livides reflets d'un jour bleu dont le foyer ne semblait être nulle part. En approchant davantage, ils virent que ce pâle rayonnement émanait d'elle, et ils contemplèrent son visage immobile et ses yeux éteints. Leucippe la crut morte, et, sans éprouver ni terreur ni dégoût, elle s'agenouilla pour baiser son front glacé et poli comme celui d'une statue de marbre, tandis qu'Evenor interrogeait la raideur de ses mains, qui semblaient s'être pétrifiées.

La Dive respirait encore. Elle ne fut pas ranimée par le baiser de Leucippe, mais elle le sentit dans son cœur, car tout son corps était paralysé par l'action d'une mort qui se présentait avec des phénomènes particuliers, étrangers à la race humaine. Sans faire un mouvement et sans essayer seulement un regard, elle parla ; elle parla d'une voix qui n'avait plus de timbre et qui ressemblait au clapotement des eaux souterraines :

— « Que Dieu est bon ! dit-elle. Il permet que mes enfants bien-aimés viennent me benir à ma dernière heure! Leucippe, je ne te vois plus; Evenor, je ne puis plus t'entendre; ne me parlez pas, ne touchez pas à mon corps, il n'est plus: il est tout enseveli, car il est bien où il est. Mon âme seule vous parle, écoutez-la. Dans un instant elle sera dans un plus bel astre. Elle n'est encore ici que parce qu'elle vous attendait. Elle sait ce que vous avez fait depuis notre séparation, car, grâce au divin prodige de la mort, elle voit pour un instant dans le temps et dans l'espace. Votre mission n'est pas finie. Elle va se décider. Retournez d'où vous venez. Vous y êtes nécessaires, et vous devez y rester tant qu'il vous sera possible ; mais ne vous affligez pas : bientôt vous serez dans l'Eden avec une tribu docile et choisie que vous ne devez jamais abandonner. Oui, c'est là, dans l'Eden que Dieu récompensera votre soumission en bénissant votre hyménée ; c'est là que des enfants naîtront de vous. A présent, adieu !... Croyez ! je vois... Espérez ! je saisis.... Aimez-vous ! Dieu nous aime... Je vous bénis... O liberté ! le lien se brise, la vie m'appelle, la mort me quitte... J'entends des voix lointaines... Mes enfants!.. ah! les âmes sont bien heureuses quand elles quittent cette prison du corps !... A présent, sortez et ne revenez plus, car un grand mystère va s'accomplir. Allez! »

Elle cessa de se faire entendre. Evenor et Leucippe étaient frappés de stupeur, car elle avait parlé sans que ses lèvres fissent aucun mouvement, et même sa voix ne semblait pas sortir d'elle, mais planer au-dessus d'elle. Le rayonnement qui l'enveloppait pâlit et se dissipa. La caverne rentra dans les ténèbres. Les chiens, qui se tenaient à l'entrée, s'enfuirent en hurlant. Evenor emporta Leucippe, qui, dans cet air lourd et brûlant de la bouche volcanique, avait perdu connaissance. Il la porta jusque dans l'Eden, et c'est là seulement qu'elle put pleurer, sur le sein de son époux, la dive qui l'avait tant aimée.

Elle voulait retourner auprès de son cadavre, mais Evenor lui rappela qu'en d'autres temps Téleïa leur avait ordonné, dans le cas où elle serait surprise par la mort, de la porter dans la caverne du Ténare, où elle voulait être abandonnée à l'action dissolvante de cette étuve naturelle où s'était consumée la poussière de ses parents, de son époux et de ses deux enfants.

Evenor, à genoux près de sa chère Leucippe dans la cabane de l'Eden, lui rendit le courage par l'effusion de sa tendresse sans bornes. Il lui demanda pardon du mouvement de faiblesse et d'égoïsme qu'il avait eu la veille et qu'il sentait maintenant indigne d'elle, indigne de la sagesse enseignée par Téleïa, et indigne de lui-même.

— « Partons, lui dit-il, retournons vers

nos frères, et, que la dive ait prophétisé ou rêvé le sort qui nous est promis, accomplissons jusqu'au bout, avec patience, la tâche qui nous est confiée. S'il m'arrive encore, homme faible et vain que je suis, de prendre la souffrance de mon orgueil pour la sainteté de ma mission, rapelle-moi, Leucippe, que j'ai été appelé du nom de fils par la plus céleste des dives, que j'ai reçu d'elle la lumière de l'amour et obtenu de toi l'amour de la plus céleste des femmes. Si, en songeant à tant de gloire et de bonheur, je manque de patience avec les hommes de ma race, menace-moi de la sévérité du ciel, car j'aurai mérité d'expier ma folie et mon ingratitude. Mais non! ceci n'arrivera point, car je sens que dois maintenant m'élever au-dessus de moi-même. Ma confiance dans la suprême sagesse de Téléïa me rendait peut-être paresseux à me combattre. Si je tarde à montrer de la force et de la vertu, me disais-je, elle en aura pour moi et réparera, dans le cœur de ma bien-aimée Leucippe, le tort que je m'y serai fait par ma faiblesse.

A présent, Leucippe, si j'ébranlais ta foi par mes doutes, et ton courage par mes abattements, qui donc te consolerait dans cette détresse que partagerait ton amour? quelle main essuyerait les pleurs que tu verserais en secret, en essuyant mes pleurs indiscrètes et lâches? Il te faudrait donc à ton tour, comme Téleïa, avoir de la force pour deux; et moi, je te laisserais porter un double fardeau? Non, non! Je veux et je dois être désormais plus que ton frère et plus que ton époux; je veux être le père et la mère que les flots t'ont ravis, et si je ne puis te donner les trésors de science divine que possédait la dive adorée, je veux, du moins, te rendre sa tendresse délicate et son dévouement maternel.

— O le bien-aimé de mon âme, dit Leucippe, pardonne-moi, à ton tour, le déchirement de mon cœur. Tu le vois, c'est moi qui suis faible, puisque j'ai tant de larmes pour ma dive, quand je ne devrais songer qu'à consoler ta propre douleur, aussi grande, aussi profonde que la mienne. Est-ce donc ainsi qu'elle m'avait appris à t'aimer, elle qui me disait sans cesse : « Nos propres douleurs ne sont rien en comparaison du mal qu'elles font à ceux qui nous chérissent ! Tuons donc en silence nos propres peines et soyons-en consolés par la joie de les leur avoir épargnées ! A ton tour, Evenor, il faudra me rappeler l'exquise tendresse de la dive, quand je penserai trop à elle sans m'occuper des regrets que je réveillerai dans ton cœur. Ne m'a-t-elle pas dit en te donnant à moi : « Voici ton père et ta mère dans ton frère et dans ton époux ? »

LE PARADIS RETROUVÉ.

(*Suite.*)

Le Paradis retrouvé.

(*Suite.*)

Evenor et Leucippe quittèrent l'Eden, suivis des chiens de Téleïa, qui ne voulaient plus les quitter, et ils furent, dès le lendemain, de retour à la tribu.

Une grande agitation y régnait. Sath et une partie considérable des hommes forts de sa tribu y étaient revenus, non dans le désir de se réconcilier avec les anciens ni avec les exilés, mais avec la tentation de les déposséder de cette région, la plus fertile et la plus saine du plateau, à moins qu'ils ne voulussent subir tous les caprices de leur despotisme. Ces hommes, qui s'intitulaient les libres, ne comprenaient la liberté que pour eux-mêmes. Celle des autres ne leur était rien, et l'esprit de caste s'était emparé d'eux à ce point, qu'ils avaient cherché les exilés dans la forêts maritimes avec le projet de les employer à leur service, de les faire chasser pour eux, de les nourrir et de les loger à leur guise, en un mot, de les réduire en esclavage. Tel était le résultat de l'énergie sans cœur et de l'activité sans lumière de leur chef, le redoutable Sath.

Une raison plus personnelle encore

avait déterminé celui-ci à venir poursuivre les exilés jusque dans la tribu des anciens. Il avait perdu sa femme; elle était morte par suite de ses mauvais traitements. Il n'avait osé exiger d'aucun de ses hardis compagnons le sacrifice de son amour, et il comptait trouver dans la tribu une vierge encore libre, ou une épouse mal défendue.

La plupart des réconciliés, enseignés et

inspirés par Evenor et Leucippe, s'étaient comportés avec tant de sagesse depuis leur retour, que les anciens crurent pouvoir accueillir les libres avec confiance. Mais depuis deux jours qu'ils étaient là, déjà les libres parlaient en maîtres, déjà Sath exigeait qu'on lui livrât la jeune Lith, la seule fille de la tribu qui attendît encore le jour de son union. Elle était naturellement fiancée à Ops, qui était le dernier des jeunes gens à marier, les convenances de l'âge ne comportant pas de meilleur choix réciproque, et les deux adolescents s'étant promis l'un à l'autre. Lith éprouvait en outre pour Sath une vive répugnance, et ses parents, effrayés, alléguèrent qu'elle n'était pas encore nubile. Mais Sath ne tenait point compte de leur refus et se préparait à enlever la jeune fille, lorsque Evenor, à peine rentré chez sa mère, fut adjuré par cette famille alarmée et par celle d'Ops, qui était la sienne propre, de leur venir en aide.

Evenor se rendit auprès de Sath, suivi

de Leucippe, qui ne voyait pas sans terreur cette conférence, mais qui se tint dehors pendant que son époux entrait dans la cabane où, installé chez ses propres parents comme en pays conquis, le superbe chef des libres, presque nu, ceint d'un court sayon de peau de sanglier, beau d'une beauté rude et sauvage, toujours jouant avec sa massue comme prêt à frapper quiconque lui résisterait, se raillait des remontrances de son père et commandait à sa propre mère comme à une servante.

Evenor lui parla avec adresse et douceur, invoquant leur parenté, leurs souvenirs d'enfance, et s'efforçant de lui faire comprendre le respect dû à la liberté d'autrui. Sath répondit avec mépris, puis avec menace, et, comme il élevait sa voix rauque et tonnante, Leucippe, alarmée, entra avec Ops et s'approcha vivement de son mari.

A la vue de cette créature, alors sans

égale sur la terre, le farouche Sath se sentit un moment vaincu et intimidé. Il parut même adouci, et promit de réfléchir.

Mais, à peine les époux se furent-ils retirés, que Sath alla retrouver ses compagnons :

— « J'ai vu la femme d'Evenor, leur dit-il ; elle ne ressemble à aucune autre et je la veux.

Tous lui promirent qu'il l'aurait. Contents de le voir épris de cette femme, ils pensaient, en l'aidant à s'en emparer, préserver les leurs à jamais de ses tentatives ; mais, le lendemain, quand ils eurent vu Leucippe, leurs propres compagnes ne leur inspirèrent plus que dédain, et plusieurs résolurent de l'enlever pour leur compte.

Leucippe fut épouvantée des regards audacieux et ardents qui se fixaient sur elle.

« — Que crains-tu, lui dit Evenor, ne suis-je pas là pour te défendre ?

— Que pourras-tu seul contre eux tous? répondit Leucippe. La tribu voudra-t-elle s'engager dans une querelle sanglante pour une cause particulière? Ce brutal Sath te hait, ses compagnons sont plus forts et plus nombreux que les nôtres, et d'ailleurs, attendrons-nous qu'un combat s'engage? Ne vois-tu pas que ces hommes ne sont accessibles à aucune sagesse, à aucune raison? Fuyons, mon cher Evenor, réfugions-nous dans l'Eden. Il nous sera facile de nous y fortifier contre leurs attaques, si jamais ils découvrent l'entrée mystérieuse que la Providence nous a fait trouver. »

Evenor, retenu par un reste d'orgueil, et aussi par un sentiment de juste fierté et de vrai courage, répugnait à la fuite. Il ne pouvait se persuader que Sath voulût en venir aux mains, et il pensait que son attitude énergique et celle de ses amis imposeraenit aux libres; mais il apprit avec douleur, dans la journée, que plusieurs des anciens et presque tous les jeunes gens des deux sexes de la tribu sédentaire s'étaient enfuis avec Mos. Mos avait plus de haine que de courage, et quand il n'était pas soutenu par l'exaltation fanatique, il était craintif et abattu. D'ailleurs, depuis longtemps, il méditait d'entraîner avec lui les adhérents qu'il avait su conquérir, et d'aller former avec eux un établissement où l'influence d'Evenor ne balancerait plus la sienne.

Evenor espéra encore que les anciens sauraient faire prévaloir leur autorité morale pour empêcher une iniquité. Il alla les trouver avec Leucippe, pendant que Sath, de son côté, animait ses compagnons. Evenor trouva des vieillards nonchalants qui aimaient mieux céder que lutter, et, comme il revenait affligé et pensif vers sa cabane, voulant cependant douter encore de la malice de Sath, il vit ses parents au milieu de ses amis qui se consultaient avec anxiété.

Ops vint au devant de lui et lui dit :

— « Sath est venu ici avec quelques-uns des siens ; il a exigé qu'on remît, ce soir, Leucippe entre ses mains. Sur notre refus de transmettre à Leucippe un pareil ordre, il s'est retiré en riant, et, à présent, il s'apprête certainement à employer la force. Nous nous sommes donc rassemblés autour de ta demeure, tandis que notre père s'efforce d'en réunir d'autres que nous pour la résistance; mais nous ne pouvons espérer d'atteindre un nombre égal à celui des libres. Donne-nous donc confiance et courage, car il nous faudra peut-être mourir en défendant Lith et Leucippe, et il faut que, du moins, notre dévouement leur soit utile.

— O Dieu! dit Leucippe, serai-je donc la cause de cette lutte fratricide? Je te l'ai dit, Evenor, il faut fuir. »

LE PARADIS RETROUVÉ.

(*Suite.*)

Le Paradis retrouvé.

(Suite)

Mais, la fuite ne semblait pas possible. Il était trop tard, car les libres surveillaient tous les mouvements des réconciliés et de leur chef. Le père d'Evenor revint avec quelques-uns des hommes mûrs de la tribu (de ce nombre était la famille de Lith), qui avaient reçu la parole d'Evenor et qui disaient :

— « La raison comme la justice nous commande de protéger Leucippe ; car si nous cédons aujourd'hui, demain de nouveaux libres, veufs ou fatigués de leurs femmes, qu'ils ne savent point aimer, viendront nous demander nos filles avant même qu'elles soient nubiles, ou contre le vœu de leur cœur, et ils les feront mourir de lassitude et de chagrin avant l'âge de mourir, comme la femme de Sath est morte à la fleur de ses ans. »

Les femmes de ces hommes mûrs et celles des réconciliés, qui avaient pour Leucippe une tendresse enthousiaste, et qui tremblaient du péril où s'engageaient leurs maris, voulurent aussi s'armer, et Leucippe, exaltée maintenant par le courage et le dévouement de la petite troupe, distribua les armes de métal, les flèches et les javelots qu'elle tenait de la dive, et s'arma elle-même, décidée à tuer, plutôt que de laisser tuer son époux ou souiller sa chasteté.

. . . .

Cependant le jour s'écoulait, et les libres, que l'on attendait d'un moment à l'autre, ne se déclaraient pas. La division avait éclaté entre eux, ainsi qu'il arrive dans toute mauvaise entreprise, et plusieurs, enflammés d'amour pour Leucippe, voulaient, qu'après la victoire, la possession de la fille des dives fût décidée par le sort. Des enfants, s'étant glissés autour de leur conseil, vinrent rendre compte à Evenor de cet incident. Evenor en prenait d'autant plus de confiance dans le triomphe de sa cause; mais Aïs, sa mère, voyant descendre les premières ombres de la nuit qui s'annonçait chargée d'orage, lui parla ainsi :

« — Voici que la fuite devient possible. Voici les libres rassemblés pour la dispute comme nous le sommes pour l'amitié. Dieu ne veut pas que le sang coule, et c'est lui qui a troublé l'accord des méchants pour favoriser notre départ. Que chaque mère prenne ses plus jeunes enfants, que chaque père veille sur les aînés, que chaque époux emmène sa femme, qu'Evenor et Leucippe soient nos guides, et qu'ils nous conduisent dans ce pays de l'Eden, où nous ferons une ville nouvelle et où nous adorerons le grand esprit protecteur des âmes justes. »

La nouvelle colonie partit donc furtivement, n'emportant ni vêtemets ni vases, n'emmenant aucun animal, excepté les chiens de la dive, qui ne quittaient jamais les pas de Leucippe, et se rejoignant par petits groupes dans le bois où Evenor, parti le premier avec sa femme, les attendait pour ouvrir la marche.

A la lueur des éclairs et au bruit de la foudre, les fugitifs marchèrent une partie de la nuit, et, cette fois, le voyage ne dura que quelques heures, les chiens ayant ouvert une route plus directe et plus mystérieuse. Mais comme, aux approches de l'Eden, les enfants fatigués exigeaient que l'on prît une heure de repos, Evenor, qui veillait avec les hommes, s'aperçut qu'un des émigrants se tenait seul à quelque distance, et lorsqu'il voulut approcher pour le reconnaître, cet homme s'éloigna et disparut dans l'épaisseur des branches.

« — Nous avons été suivis, dit Evenor à

son père, qui avait déjà cru remarquer l'espion, et il faut nous tenir sur nos gardes. »

Ils éveillèrent les femmes et l'on se remit en route sans rencontrer d'obstacles; mais, comme on arrivait à la porte d'Eden, Sath, avec une petite bande déterminée qu'il avait réussi à rallier, s'y présenta. Le combat allait s'engager, lorsqu'ils crurent voir une femme, toute rayonnante de lumière, et d'une stature gigantesque, s'élancer à leur rencontre et leur présenter sa face enflammée. Leur terreur fut si grande qu'ils s'enfuirent en jetant leurs armes et en poussant des cris de détresse. Plusieurs tombaient en chemin comme terrassés par l'épouvante, d'autres ne s'arrêtèrent que sur les bords du fleuve qui les séparait du village des libres, et qu'ils repassèrent le lendemain en se jurant de ne jamais revenir sur leurs pas. Sath s'était éloigné sans exprimer sa frayeur par aucun signe trop apparent; mais, revenu chez les anciens, il fut pris de délire et faillit mourir. Revenu à la santé, il montra, sinon plus de bonté, du moins plus de crainte quand ses compagnons lui rappelèrent l'apparition menaçante, et ses mœurs s'adoucirent au point qu'une réconciliation devint possible entre lui et ceux de l'ancienne tribu.

Quant à Evenor et à Leucippe, eux aussi

avaient vu cette femme rayonnante qui les avait protégés ; mais ils la virent autrement, et sa stature ne leur parut pas excéder de beaucoup celle des hommes. L'apparition ne se révéla point à leurs compagnons, qui entrèrent dans l'Eden avec des transports de joie. Lorsque Evenor et Leucippe voulurent, avant de les y suivre, contempler la face de l'être mystérieux qui avait semblé jusque-là se dérober à leurs regards, il se retourna et ils reconnurent les traits adorés de la dive, resplendissants de jeunesse et de beauté.

Mais, avant qu'ils eussent pu s'élancer vers elle pour lui parler, elle avait disparu, et ils se demandèrent si ce qu'ils avaient vu était un rêve.

Leucippe, agitée et transportée, courut à la caverne du Ténare. Elle y trouva le cadavre de la dive déjà séché et noirci par la fumée volcanique, et gisant pour jamais sur la poussière de sa race.

Le reste de la vie d'Evenor et de Leucippe se perd dans la nuit des temps inconnus. Il est probable que l'établissement dans l'Eden fut prospère, et que l'âge d'or nouveau, éclairé des clartés de l'âge divin antérieur, y régna longtemps à l'insu des autres races. Cependant Evenor, fidèle aux préceptes de Téleïa, s'était juré, en rentrant dans la forteresse paradisiaque, de ne pas restreindre sa mission aux félicités morales de la famille et de la tribu. Il est à croire qu'il sortit plusieurs fois de l'Eden pour répandre la lumière dans les divers établissements que Sath, Mos, les anciens et les libres formèrent sur le plateau ; mais l'histoire des âges fabuleux, qui n'est qu'une tradition poétique, à force de varier dans ses légendes et dans ses symboles multiples, laisse dans une ombre impénétrable les événements des civilisations primitives.

FIN.

TABLE

DU TROISIÈME VOLUME.

Sceaux, imp. de Munzel aîné.

LIBRAIRIE

DE

GARNIER

FRÈRES

CATALOGUE

PARIS
6 RUE DES SAINTS-PÈRES
ET 215 BIS, PALAIS-ROYAL

1856

PRIX DES RELIURES

Format			Prix
Format gr. in-18 jésus (form. anglais),	1/2 veau ou 1/2 chagrin,	tr. jaspées.	1 25
—	— — — —	tr. dorées.	2 »
—	in-8° ordinaire, 1/2 veau ou 1/2 chagrin,	tr. jaspées . . .	1 75
—	— — —	tr. dorées . . .	3 »
—	in-8° cavalier, — —	tr. jaspées. . .	2 25
—	— — —	tr. dorées . . .	3 50
—	in-8° jésus, 1/2 chagrin,	tr. jaspées.	3 50
—	— —	tr. dorées	5 »
—	— —	tr. d. plats en toile, fers spéciaux	6 »
—	—	reliure pleine en chagrin, tr. dorées. .	12 »

Paris. — Imprimerie de J. CLAYE, rue Saint-Benoît, 7.

CATALOGUE

NOUVELLES PUBLICATIONS

LETTRES ADRESSÉES A M. VILLEMAIN

SECRÉTAIRE PERPÉTUEL DE L'ACADÉMIE FRANÇAISE

Sur la *Méthode* en général et sur la définition du mot *fait*, etc., par M. E. CHEVREUL, membre de l'Académie des sciences. 1 vol. grand in-18 anglais, 3 fr. 50 c.

GUIDE UNIVERSEL ET COMPLET DE L'ÉTRANGER DANS PARIS.

Contenant la topographie et l'histoire de Paris; la description complète de ses monuments, palais et édifices impériaux, religieux, civils ou d'utilité publique; théâtres, ponts, places, rues, passages ou galeries, bazars, hôtels, cercles et cafés, cimetières, etc., suivi d'une revue des environs de Paris et autres renseignements divers; par ALBERT-MONTÉMONT, membre de plusieurs sociétés savantes. 1 beau vol. in-18, orné de 23 jolies vignettes représentant les vues des principaux monuments, et d'un beau plan de Paris. Prix : 4 fr.; net, 3 fr.

PARIS EN MINIATURE.

Guide usuel du Voyageur à Paris et à l'Exposition universelle. 1 vol. in-32, illustré de 23 gravures sur bois, avec un plan magnifique de Paris. Prix : 2 fr.

NOUVEAU PLAN DE PARIS FORTIFIÉ

Et des communes de la banlieue, indiquant tous les changements actuels, dressé *selon les règles géométrales*; par A. VUILLEMIN, géographe, 1855, gravé sur acier avec le plus grand soin par LANGEVIN. 1 feuille grand-monde (double colombier). Prix : 5 fr.

PLAN DE PARIS

Et des communes environnantes comprises dans l'enceinte fortifiée, indiquant tous les changements actuels, et orné de charmantes vues des principaux monuments. 1 feuille grand-aigle. Prix : 3 fr.

PLAN DE PARIS

Illustré des vues des principaux monuments, et contenant l'Itinéraire de toutes les rues, quais, places, passages, boulevards et monuments publics. 1 feuille colombier. Prix : 1 fr.

Great exhibition, Guide for strangers visiting Paris with 23 views and a Map of the capital (avec un magnifique plan de Paris). Prix : 2 fr. 50.

DICTIONNAIRE NATIONAL

OUVRAGE ENTIÈREMENT TERMINÉ.

Souscription permanente, 100 *livraisons de* 3 *à* 4 *feuilles très-grand in-*4, *à* 50 c.

Monument élevé à la gloire de la Langue et des Lettres françaises.

Ce Grand Dictionnaire Classique de la Langue française contient, pour la première fois, outre les mots mis en circulation par la presse, et qui sont devenus une des propriétés de la parole, les noms de tous les Peuples, anciens, modernes; de tous les Souverains de chaque État; des Institutions politiques; des Assemblées délibérantes; des Ordres monastiques, militaires; des Sectes religieuses, politiques, philosophiques; des grands Événements historiques : Guerres, Batailles, Siéges, Journées mémorables, Conspirations, Traités de paix, Conciles; des Titres, Dignités, Fonctions; des Hommes ou Femmes célèbres en tout genre; des Personnages historiques de tous les pays et de tous les temps : Saints, Martyrs, Savants, Artistes, Écrivains; des Divinités, Héros et Personnages fabuleux de tous les Peuples; des Religions et Cultes divers; Fêtes, Jeux, Cérémonies publiques, Mystères, Livres sacrés; enfin la Nomenclature de tous les Chefs-lieux, Arrondissements, Cantons, Villes, Fleuves, Rivières, Montagnes et Curiosités naturelles de la France et de l'Étranger; avec les Étymologies grecques, latines, arabes, celtiques, germaniques, etc., etc.

Cet ouvrage classique est rédigé sur un plan entièrement neuf, plus exact et plus complet que tous les dictionnaires qui existent, contient plus de quinze cent mille exemples choisis, fidèlement extraits de tous les écrivains, dont l'autorité est généralement reconnue. Par M. BESCHERELLE aîné, auteur de la *Grammaire nationale*. Deux magnifiques volumes in-4 de 3,400 pages, à 4 colonnes, lettres ornées, etc., imprimés en caractères neufs et très-lisibles, sur papier grand raisin, glacé et satiné, renfermant la matière de plus de 300 volumes in-8. — Prix : 50 fr.; demi-reliure chagrin, 60 fr., avec les plats en toile, 62 fr.

GRAMMAIRE NATIONALE,

Ou Grammaire de Voltaire, de Racine, de Bossuet, de Fénelon, de J.-J. Rousseau, de Bernardin de Saint-Pierre, de Châteaubriand, de Casimir Delavigne, et de tous les écrivains les plus distingués de la France; par MM. Bescherelle frères et Litais de Gaux. 1 fort vol. grand in-8, 12 fr., net 10 fr.

Complément indispensable du *Dictionnaire national.*

DICTIONNAIRE USUEL DE TOUS LES VERBES FRANÇAIS,

Tant réguliers qu'irréguliers; entièrement conjugués, par Bescherelle frères. 2e édition. 2 vol. in-8, à 2 colonnes 12 fr.

Ce livre est indispensable à tous les écrivains et à toutes les personnes qui s'occupent de la langue française, car le verbe est le mot qui, dans le discours, joue le plus grand rôle; il entre dans toutes les propositions, pour être le lien de nos pensées et y répandre la clarté et la vie; aussi les Latins lui avaient donné le nom de *verbum* pour exprimer qu'il est le mot nécessaire, le mot par excellence. Mais le verbe doit être rangé dans la classe des parties du discours que les grammairiens appellent *variables*. Aucune, en effet, n'a subi des modifications aussi nombreuses et aussi variées. La conjugaison des verbes est sans contredit ce qu'il y a de plus difficile dans notre langue, puisqu'on y compte plus de trois cents verbes irréguliers. A l'aide de ce dictionnaire, tous les doutes sont levés, toutes les difficultés vaincues.

LE VÉRITABLE MANUEL DES CONJUGAISONS,

Ou Dictionnaire des 8,000 verbes, par Bescherelle frères. Troisième édit. 1 vol. in-8, 3 fr. 75 c.

DICTIONNAIRE ITALIEN-FRANÇAIS (GRAND) ET FRANÇAIS ITALIEN,

Par Barberi, continué et terminé par Basti et Cerati. 2 gros volumes in-4, 45 fr., net 25 fr.

Ce Dictionnaire donne la prononciation des mots, leur étymologie, leur sens et leurs mots expliqués et appuyés par des exemples. — Un grand nombre de termes techniques des sciences et arts. — La solution des difficultés grammaticales. — Le pluriel des substantifs et les divers temps des verbes quand ils ont une forme irrégulière. — Le genre des substantifs qui n'est point indiqué dans les autres dictionnaires italiens, etc., etc. Le tout forme 2,500 pages in-4. Le Conseil royal de l'instruction publique a examiné le grand *Dictionnaire Italien-Français* et *Français-Italien* de Barberi, continué et terminé par MM. Basti et Cerati. D'après la délibération du Conseil royal, ce dictionnaire sera placé dans les Bibliothèques des colléges. C'est, en effet, le travail le plus complet qui existe en ce genre et le meilleur guide pour l'enseignement approfondi des beautés de la langue italienne.

DICTIONNAIRE DE TOUTES LES VILLES ET COMMUNES DE FRANCE.

Géographie archéologique, historique, géologique, biographique, bibliographique, administratif, industriel et commercial de toutes les villes et de toutes les communes de France, et de plus de 20,000 hameaux en dépendant; histoire nationale, rédigée sur des documents authentiques, par A. Girault de Saint-Fargeau. Prix, broché, 80 fr.; net 60 fr.

3 magnifiques volumes in-4, imprimés à trois colonnes, illustrés d'environ 100 splendides gravures, armes des villes imprimées en couleur, etc., contenant par ordre alphabétique : l'Histoire et la Géographie de toutes les villes de France, ainsi que l'archéologie, la biographie, et l'armorial des villes, bourgs, villages, châteaux, etc.

DICTIONNAIRE DE LA CONVERSATION ET DE LA LECTURE.

52 vol. gr. in-8, de 500 pages, à 2 col., contenant la matière de plus de 300 vol. Prix : 208 fr.

OEuvre éminemment littéraire et scientifique, produit de l'association de toutes les illustrations de l'époque, sans acception de partis ou d'opinions, le *Dictionnaire de la Conversation* a depuis longtemps sa place marquée dans la bibliothèque de tout homme de goût, qui aime à retrouver formulées en préceptes généraux ses idées déjà arrêtées sur l'histoire, les arts et les sciences.

SUPPLÉMENT AU

DICTIONNAIRE DE LA CONVERSATION ET DE LA LECTURE

Rédigé par tous les écrivains et savants dont les noms figurent dans cet ouvrage, et publié sous la direction du même rédacteur en chef, 16 vol. gr.

in-8 de 500 pages, conformes aux 52 vol. publiés de 1832 à 1839; 80 fr.

Le *Supplément*, aujourd'hui TERMINÉ, se compose de *seize volumes* formant les tomes 53 à 68 de cette Encyclopédie si populaire. Il contient la mention de tous les progrès faits par les sciences depuis la terminaison de l'ouvrage principal (1839) jusqu'à l'époque actuelle, et le résumé de l'Histoire politique des différents États jusqu'aujourd'hui. Les événements de 1848 y sont racontés, et l'on y trouve des renseignements précis sur la plupart des hommes nouveaux que ces événements ont fait surgir dans la politique.

Il n'y a pas d'exagération dès lors à dire que de toutes les Encyclopédies le *Dictionnaire de la Conversation* est la plus complète et la plus *actuelle*.

Le *Supplément* a réparé toutes les erreurs, toutes les omissions qui avaient échappé dans le travail si rapide de la rédaction des 52 premiers volumes. Tous les *renvois* que le lecteur chercherait vainement dans l'ouvrage principal se trouvent traités dans le *Supplément* et les articles jugés insuffisants ont été refaits.

Aujourd'hui, les seuls exemplaires qui conservent toute *leur valeur primitive*, sont ceux qui possèdent le *Supplément*, en d'autres termes, les tomes 53 à 68.

Nous nous bornerons à prévenir itérativement les possesseurs des tomes 1 à 52, qu'avant très-peu de temps il nous sera impossible de compléter leurs exemplaires et de leur fournir les tomes 53 à 68; car ils s'épuisent plus rapidement encore que nous ne l'avions pensé, et d'ailleurs, nous le répétons, ils ont été tirés en bien moindre nombre que les premiers volumes.

Prix des seize volumes du *Supplément* (tomes 53 à 68), 80 fr.; le volume, 5 fr., la livraison 2 fr. 50 c.

COURS COMPLET D'AGRICULTURE,

Ou nouveau Dictionnaire d'agriculture théorique et pratique d'économie rurale et de médecine vétérinaire; sur le plan de l'ancien Dictionnaire de l'abbé Rozier,

Par M. le baron de MOROGUES, ex-pair de France, membre de l'Institut, de la Société nat. et cent. d'agriculture;
M. MIRBEL, de l'Académie des sciences, professeur de culture au Jardin des Plantes, etc.;
M. le vicomte HÉRICART DE THURY, président de la Société nationale d'agriculture;
M. PAYEN, de la Société nationale d'agriculture, professeur de chimie industrielle et agricole;
M. MATHIEU DE DOMBASLE, etc., etc.

Ce cours a eu pour base le travail composé par les membres de l'ancienne section d'agriculture de l'Institut : MM. de Sismondi, Bosc, Thouin, Chaptal, Tessier, Desfontaines, de Candolle, François de Neuchâteau, Parmentier, Larochefoucault, Morel de Vindé, Huzard père et fils, Loiseleur-Deslongchamps, Michaux, Appert, l'auteur du *Conservateur;* Vilmorin, Brongniart, Lenoir, Noisette, etc., etc. Quatrième édition, revue et corrigée. Broché en 20 volumes grand in-8, à deux colonnes, avec environ 4,000 sujets gravés, relatifs à la grande et à la petite culture, à l'économie rurale et domestique, à la description des plantes usuelles de la France, etc. Complet, 112 fr. 50 c.

Chaque volume est orné du portrait d'un des hommes les plus notables des sciences agricoles. Le *supplément* contient des textes tout récents du plus grand intérêt; on y voit figurer les noms de MM. Chevreul, Gaudichaud, Boucherie, Paul Gaubert, Polonceau, Fuster, Morin, Robinet, Villemorin, Gannal, etc.

DICTIONNAIRE D'HIPPIATRIQUE ET D'ÉQUITATION.

Ouvrage où se trouvent réunies toutes les connaissances équestres et hippiques, par F. Cardini, lieutenant-colonel en retraite. 2 vol. grand in-8. ornés de 70 figures. 2e édition, corrigée et considérablement augmentée: 20 fr., net 15 fr.

GÉOGRAPHIE UNIVERSELLE,

Par Malte-Brun. Description de toutes les parties du monde sur un nouveau plan, d'après les grandes divisions du globe, précédée de l'histoire de la géographie chez les peuples anciens et modernes, et d'une théorie générale de la géographie mathématique, physique et politique. Sixième édition, revue, corrigée et augmentée, mise dans un nouvel ordre et enrichie de toutes les nouvelles découvertes, par J.-J.-N. Huot. 6 beaux vol. gr. in-8, enrichis de 64 gravures sur acier, 60 fr., demi-rel., chagrin, 81 fr.

Avec **un superbe atlas** *entièrement établi à neuf*, **1** *vol. in-folio, composé de* **72** *magnifiques cartes coloriées, dont* **14** *doubles broc.*, 80 *fr.* — *On peut acheter l'atlas séparément* 20 *fr.*

On se plaignait généralement de la sécheresse de la géographie, lorsque, après quinze années de lectures et d'études, Malte-Brun conçut la pensée de renfermer dans une suite de discours historiques l'ensemble de la géographie ancienne et moderne, de manière à laisser, dans l'esprit d'un lecteur attentif, l'image vivante de la terre entière, avec toutes ses contrées diverses, et avec les lieux mémorables qu'elles renferment et les peuples qui les ont habitées ou qui les habitent encore.

Il s'est dit : « La géographie n'est-elle pas la sœur et l'émule de l'histoire? Si l'une a le pouvoir de ressusciter les générations passées, l'autre ne saurait-elle fixer, dans une image mobile, les tableaux mouvants de l'histoire, en retraçant à la pensée cet éternel théâtre de nos courtes misères; cette vaste scène, jonchée des débris de tant d'empires, et cette immuable nature, toujours occupée à réparer, par ses bienfaits, les ravages de nos discordes? Et cette description du globe n'est-elle pas intimement liée à l'étude de l'homme, à celle des mœurs et des institutions? n'offre-t-elle pas à toutes les sciences politiques des renseignemens précieux? aux diverses branches de l'histoire naturelle un complément nécessaire? à la littérature elle-même, un vaste trésor de sentiments et d'images? Et sans se rebuter par les difficultés de toute nature que présentait un pareil sujet, il consacre sa vie tout entière à élever à la géographie un des plus beaux monuments scientifiques et littéraires de ce siècle.

Malte-Brun a laissé un ouvrage dont la réputation est justifiée par trente années de succès, par le suffrage unanime des savants et des littérateurs, et par l'empressement que plusieurs ont mis à le traduire.

Cette nouvelle réimpression de la *Géographie universelle* a été entièrement revue et complétée par le savant continuateur de Malte-Brun, M. Huot.

PRÉCIS DE GÉOGRAPHIE UNIVERSELLE, *du même auteur*,

Précédé d'une introduction historique et suivi d'un aperçu de la géographie ancienne, par MM. Balbi, Larenaudière et Huot, quatrième édition considérablement augmentée, ouvrage adopté par l'Université, 1 volume grand in-8, 20 fr.

Demi-reliure, dos chagrin. 3 fr. 50 c.

DICTIONNAIRE GÉOGRAPHIQUE, STATISTIQUE ET POSTAL
DES COMMUNES DE FRANCE.

Dédié au commerce, à l'industrie et à toutes les administrations publiques, par M. A. Peigné, auteur du Dictionnaire portatif de la langue française et de plusieurs ouvrages d'instruction. Cet ouvrage, par la multiplicité et l'exactitude des renseignements qu'il fournit, est indispensable à tout commerçant, voyageur, industriel et employé d'administration, dont il est le *vade mecum*. 1 fort vol. in-18 cartonné, orné d'une belle carte de France. Prix, 5 fr.

ÉTUDE DE L'HOMME,

Par de Latena, conseiller maître, à la cour des Comptes. 1 vol. in-8. 7 fr., 50 c.

LES ARMES ET LE DUEL,

Par Grisier, professeur à l'Ecole polytechnique, au collége Henri IV et au Conservatoire de musique. Ouvrage agréé par S. M. l'empereur de Russie; précédé d'une Préface, par A. Dumas. Notice sur l'auteur, par Roger de Beauvoir. Epître en vers, de Méry, etc. Dessins par E. de Beaumont. Deuxième édition, revue par l'auteur. 1 vol. grand in-8. 10 fr.

Nous ne craignons pas de dire que cet ouvrage est le *traité d'escrime* LE PLUS COMPLET qui ait encore paru. La réputation européenne de l'auteur nous autorise à ajouter que c'est très-certainement le MEILLEUR.

LES SAINTS ÉVANGILES,

(ÉDITION CURMER.)

Selon saint Mathieu, saint Marc, saint Luc et saint Jean. 2 splendides vol. grand in-8, illustrés de 12 magnifiques gravures sur acier, et ornés de vues. Prix : brochés, 48 fr., net 25 fr.

Reliure chagrin, tranche dorée.	12 fr. le vol.
— demi-chagrin, tr. dor. plats toile à	6 fr. 50 le vol.

LES ÉVANGILES,

Par F. Lamennais. Traduction nouvelle, avec des notes et des réflexions. 2e édit., illustrée de 10 gravures sur acier, d'après Cigoli, le Guide, Murillo. Overbeeck, Raphaël, Rubens, etc., 1 vol. in-8, cavalier vélin. 10 fr., net 6 fr.

Reliure demi-chagrin, plats en toile, tranche dorée.	4 fr.

LES ÉVANGILES,

Traduction de Le Maistre de Sacy, publiée sous les auspices de M. l'abbé Trévaux, vicaire général du diocèse de Paris. Edition illustrée par Th. Fragonard et ornée d'un titre gravé, imprimé en couleur et en or; de quatre autres frontispices représentant les quatre évangélistes avec leurs attributs, de 90 encadrements à grandes vignettes, de nombreux encadrements et lettres ornées à la manière des missels du moyen âge, etc., imprimée sur papier collé, de manière à pouvoir colorier et enluminer les dessins. 1 vol. in-8, 18 fr., net 12 fr.

Reliure maroquin plein, tr. dorée.	12 fr.
— Demi-chagrin, tranche dorée, plats toile.	6 fr.

LA VIERGE,

Histoire de la mère de Dieu et de son culte, par l'abbé Orsini. Nouvelle édition, illustrée de gravures sur acier et de sujets dans le texte. 2 beaux vol. grand in-8 jésus, 24 fr.

Reliure demi-chagrin, plats toile avec croix, tr. dorée, des 2 vol. en un.	6 fr. 50 c.
— — plats toile avec croix, tr. dorée.	6 fr. » » le vol.
— toile, tr. dorée, mosaïque.	6 fr. » » le vol.

SAINT VINCENT DE PAUL,

Histoire de sa vie, par l'abbé Orsini. 1 magnifique vol. grand in-8 jésus, illustré de 10 splendides gravures sur acier, tirées sur chine avant la lettre d'après Karl Girardet, Leloir, Meissonnier, Staal, etc., etc., gravées par nos meilleurs artistes. 12 fr.

Reliure en toile mosaïque, riche plaque spéciale, tr. dorée. 5 fr. » »
— demi-chagrin, plats en toile, avec croix, tr. dorée. 5 fr. 50 c.

LES FÊTES DU CHRISTIANISME,

Par l'abbé Casimir, curé du diocèse de Paris, illustrées de plusieurs dessins rehaussés d'or et de couleur.

C'est l'histoire de ces fêtes, des traditions qu'elles ont laissées, des coutumes populaires qui en sont résultées, des grands événements religieux auxquels elles se rattachent, que nous offrons aux fidèles.

1 joli volume in-8, illustré de 10 dessins rehaussés d'or et de couleur, broché, 10 fr.

Reliure mosaïque avec plaque spéciale, et doré sur tranche. 5 fr.

IMITATION DE JÉSUS-CHRIST,

Édition Curmer. 1 vol. grand in-8. 20 fr.

Reliure chagrin, tranche dorée. 12 fr. » »
— demi-chagrin, tranche dorée, plats toile. 6 fr. 50 c.

LES VIES DES SAINTS,

Pour tous les jours de l'année, nouvellement écrites par une réunion d'ecclésiastiques et d'écrivains catholiques, publiées en 200 livraisons, classées pour chaque jour de l'année par ordre de dates, d'après les martyrologes et Godescard; illustrées d'environ 1,800 gravures.

L'ouvrage complet forme quatre beaux volumes grand in-8; chaque vol. se compose d'un trimestre et forme un tout complet. 10 fr. le vol., Complet, 40 fr.

Reliure des 4 vol. en deux vol., demi-chagrin, plats toile, tr. dor. 13 fr.
Reliure des 4 vol. en deux vol., toile, tr. dor. 12 fr.

Les Vies des Saints, ayant déjà obtenu l'approbation des archevêques de Paris, de Cambrai, de Tours, de Bourges, de Reims, de Sens, de Bordeaux et de Toulouse, et des évêques de Chartres, de Limoges, de Bayeux, de Poitiers, de Versailles, d'Amiens, d'Arras, de Châlons, de Langres, de la Rochelle, de Saint-Dié, de Nîmes, de Rodez, d'Angers, de Nevers, de Saint-Claude, de Verdun, de Metz, de Montpellier, de Gap, de Nancy, d'Autun, de Quimper, de Strasbourg, d'Évreux, de Saint-Flour, de Valence, de Cahors et du Mans, sont appelées à un très-grand succès.

L'IMITATION DES SAINTS,

Pour tous les jours de l'année, par l'abbé Lecanu, du diocèse de Paris. 1 beau vol. in-18 cavalier, illustré de 365 gravures sur bois.

Relié chagrin plein noir avec croix, tr. dorée. 7 fr. 50 c.

HEURES NOUVELLES,

(ÉDITION CURMER.)

Paroissien complet, latin-français, à l'usage de Paris et de Rome, par l'abbé Dassance. 1 vol. in-8, illustré par d'Overbeeck; texte encadré. 30 fr.; net 15 fr.

Reliure chagrin, tranche dorée. 10 fr.
— Demi-chagrin, plats toile, tranche dorée. 5 fr.

PETITES HEURES NOUVELLES.

(ÉDITION CURMER.)

Texte encadré, lettres ornées, fleurons, etc. 1 vol. in-64.

Relié en chagrin, plein, d. s. tr. 5 fr.

ŒUVRES DE CHATEAUBRIAND

16 vol. grand in-8 jésus, illustrés de 64 gravures composées par G. Staal, Philippoteaux, etc., gravées par F. Delannoy, etc., etc. 120 fr.; net 100 fr.

LE GÉNIE DU CHRISTIANISME,

Par Chateaubriand; nouvelle édition, illustrée de 8 belles gravures sur acier. 2 vol. grand in-8 jésus.

Brochés. 20 fr.
Reliés en un seul vol., demi-chagrin, plats toile, tranche dorée. 25 fr.

LE GÉNIE DU CHRISTIANISME,

Par Chateaubriand; nouvelle édition, illustrée de 8 gravures sur acier. 3 vol. grand in-18. 4 fr. 50 c.

Les 3 vol. reliés en un seul, demi-chagrin, plats en toile, tr. dorée. 7 fr.

LES MARTYRS,

Par Chateaubriand, suivis de l'examen de l'ouvrage et remarques sur les *Martyrs;* VOYAGE EN AMÉRIQUE, 2 vol. grand in-8 jésus, illustrés de gravures sur acier. 20 fr.

Demi-chagrin, plats toile, relié en un seul vol. 25 fr.

ITINÉRAIRE DE PARIS A JÉRUSALEM.

2 vol. grand in-8. 20 fr.

Demi-reliure plats toile. 2 vol. en un vol. 26 fr.

LES NATCHEZ,

Suivis de la description du pays des Natchez, et poésies diverses, illustré de gravures sur acier. 1 vol. grand in-8. 10 fr.

Demi-reliure, plats toile, net 16 fr.

ATALA

Et le Dernier des Abencerages. 1 vol. in-18. 1 fr. 50 c.

Demi-reliure chagrin, plats toile, tr. dor. 4 fr.

HISTOIRE DE FRANCE,

Par Anquetil, avec continuation jusqu'en 1852, par Baude, l'un des principaux auteurs du *Million de Faits* et de *Patria*. 8 vol. grand in-8, illustrés de 120 gravures environ, renfermant la collection complète des portraits des rois, imprimés en beaux caractères, à deux colonnes, sur papier des Vosges. 50 fr., net 40 fr.

Demi-reliure, dos chagrin, en 4 volumes, à 3 fr. 50 c. le volume.

HISTOIRE DE FRANCE D'ANQUETIL,

Continuée, depuis la révolution de 1789, par Léonard Gallois. Édition ornée de 50 gravures en taille-douce. 5 volumes grand in-8 jésus à deux colonnes, contenant la matière de 40 vol. in-8 ordinaires. Prix : 62 fr. 50 c., net 30 fr.

Demi-reliure, dos chagrin, le vol. à 3 fr. 50 c

GALERIES HISTORIQUES DE VERSAILLES.

(ÉDITION UNIQUE.)

Ce grand et important ouvrage a été entrepris aux frais de la liste civile du roi Louis-Philippe, et rédigé d'après ses instructions. Il renferme la Description de 1,200 tableaux; des Notices historiques sur plus de 676 écussons armoriés de la salle des Croisades, et des Aperçus biographiques sur presque tous les personnages célèbres depuis les temps les plus reculés de la monarchie française. Cet ouvrage, véritable Histoire de France, illustrée par les maîtres les plus célèbres en peinture et en sculpture, et destiné à être donné en cadeau à tous les hommes éminents de notre époque, n'a jamais été mis en vente, et ne sera jamais réimprimé.

10 volumes in-8 imprimés en caractères neufs sur beau papier, avec un magnifique album in-4 contenant 100 gravures, 90 fr.

DICTIONNAIRE DE LA NOBLESSE ET DU BLASON,

Par Jouffroy d'Eschavannes, héraldiste, historiographe, secrétaire-archiviste de la Société orientale de Paris. 1 vol. grand in-8, illustré de 2 planches de blason coloriées et d'un grand nombre de gravures. 15 fr.; net 10 fr.

DESCRIPTION DES MONUMENTS DE RHODES,

Dédiée à S. M. le roi des Pays-Bas, par le colonel Rottiers, membre de plusieurs Académies, commandeur et chevalier de différents ordres. 1 vol. in-4 de 428 pages et un atlas in-fol. composé de 75 planches gravées, dont plusieurs coloriées. Prix : 50 fr., net 40 fr.

SOUVENIRS D'UN AVEUGLE,

Voyage autour du monde, par J. Arago, sixième édition, revue, augmentée, enrichie de notes scientifiques, par F. Arago, de l'Institut. 2 vol. grand in-8 raisin, illustrés de 28 planches et portraits, à part, et de 110 vignettes dans le texte. Brochés, 20 fr.

Reliure toile, tranche dorée, le volume.	4 fr. 50 c.
Reliure des 2 volumes en un.	5 » » »

SOUVENIRS D'UN AVEUGLE.

Voyage autour du monde, par Jacques Arago; chasses, pêches, drames, etc., 1 vol. gr. in-8, figures. 8 fr., net 5 fr.

Reliure toile, tr. dor.	3 fr.

HISTOIRE DE L'EMPEREUR NAPOLÉON,

Par Laurent (de l'Ardèche), avec 500 dessins par Horace Vernet, gravés sur bois et imprimés dans le texte. Nouvelle et magnifique édition, augmentée de gravures coloriées représentant les types de tous les corps et les uniformes militaires de la République et de l'Empire. 1 vol. grand in-8, broché. 25 fr., net 15 fr.

Reliure demi-maroquin,	8 fr. 50 c.
— demi-chagrin, plats en toile, tranche dorée.	6 » »» »

HISTOIRE DE NAPOLÉON.

Par Laurent, illustrée de 500 vignettes, mêmes illustrations que la précédente édition, avec les types en noir imprimés dans le texte, par Horace Vernet. 1 vol. grand in-8. 9 fr., net 6 fr. 50 c.; relié toile, tr. dorée, net 12 fr.

HISTOIRE DE NAPOLÉON,

Par M. de Norvins. 11e édition, ornée de 56 vignettes, portraits, cartes et plans de batailles. 2 vol. grand in-8. 25 fr., net 20 fr.

Reliure demi-chagrin, le vol. 3 fr. 50 c.

HISTOIRE ANECDOTIQUE DE NAPOLÉON,

Par Émile Marco de Saint-Hilaire, illustrée par J. David. 1 vol. grand in-8 (Paris, Boizard). 15 fr., net 10 fr.

Reliure toile, tranche dorée, plaque spéciale 5 fr. 50 c.

ABRÉGÉ CHRONOLOGIQUE DE L'HISTOIRE DE FRANCE,

Par le président Hénault, continué par Michaud. 1 vol. grand in-8 illustré de gravures sur acier, 12 fr.

Demi-reliure chagrin. 3 fr. 50 c.
— avec les plats toile, tr. dor. 6 fr.

LA HONGRIE ANCIENNE ET MODERNE,

Historique, littéraire, artistique et monumentale, publiée sous la direction de M. J. Boldényi. Un magnifique volume grand in-8, illustré d'un très-grand nombre de gravures, vues, monuments, portraits, costumes, dans le texte et hors texte, et d'une carte ethnographique. Prix : broché: 12 fr., net 10 fr., avec types coloriés, 15 fr.

Reliure toile tranche dorée, mosaïque. 6 fr.

MÉMORIAL DE SAINTE-HÉLÈNE,

Par feu le comte de Las-Cases, nouvelle édition revue avec soin, augmentée du *Mémorial de la Belle-Poule*, par M. Emmanuel de Las-Cases. 2 vol. grand in-8, avec portraits, vignettes nouvelles, gravés au burin sur acier par M. Blanchard. Les vues et les dessins sont de MM. Pauquet frères et Daubigny, 24 fr., net 15 fr.

Reliure demi-chagrin, le volume. 3 fr. 50 c.
— toile, tranche dorée ou demi-reliure, plats toile, le volume. 6 fr.

HISTOIRE UNIVERSELLE,

Par le comte de Ségur, de l'Académie Française; contenant l'histoire des Égyptiens, des Assyriens, des Mèdes, des Perses, des Juifs, de la Grèce, de la Sicile, de Carthage et de tous les peuples de l'antiquité, l'histoire romaine et l'histoire du Bas-Empire. 8e édition, ornée de 30 gravures, d'après les grands maîtres de l'école française. 6 demi-vol. gr. in-8. 37 fr. 50 c.

Reliure demi-chagrin, le volume. 3 fr. 50 c.
Même reliure, plats toile, tr. dor. 6 fr.

HISTOIRE DES DUCS DE BOURGOGNE.

Par M. de Barante, membre de l'Académie française; 7e édition. 12 vol. in-8, caractères neufs, imprimés sur papier vélin satiné des Vosges, ornés de 104 gravures et d'un grand nombre de cartes. Prix du volume, 5 fr.

La place de cet ouvrage est marquée dans toutes les bibliothèques. Il joint au mérite de l'exactitude historique une grande vérité de couleur et un grand charme de narration. La facilité offerte au public pour l'acquisition d'un livre si justement estimé ne peut donc qu'être bien accueillie.

HISTOIRE DE LA CONVENTION NATIONALE (1792-1795).

Par M. DE BARANTE, de l'Académie française, 6 vol. in 8° cavalier, imprimés sur beau papier vélin. 36 fr.

HISTOIRE DES RÉPUBLIQUES ITALIENNES DU MOYEN AGE,

Par Simonde de Sismondi. Nouvelle édition, ornée de gravures sur acier 10 vol. in-8. 50 fr., net 40 fr.

Reliure demi-chagrin, le volume. 2 fr. 25 c.

COURS D'ÉTUDES HISTORIQUES,

Par M. Daunou, pair de France, secrétaire perpétuel de l'Académie des inscriptions et belles-lettres, professeur au Collége de France, etc., 20 vol. in-8 et tables des matières. Prix : au lieu de 160 fr., net 130 fr.

Cet important ouvrage, dont nous n'avons qu'un très-petit nombre d'exemplaires, contient le résultat des leçons faites au Collége de France de 1819 à 1830. Après avoir recherché quelles sont les ressources de l'histoire et de quelle manière la connaissance des choses passées a pu naître et se perpétuer, le savant auteur établit les règles de critique pour donner à l'histoire le caractère d'une véritable science composée de faits positifs dont on a reconnu la certitude ou la probabilité.

Le cours est terminé par un examen des systèmes philosophiques appliqués à l'histoire de la philosophie, depuis Platon jusqu'au dix-neuvième siècle.

VOYAGE DANS L'INDE.

Par le prince A. Soltykoff, illustré de magnifiques lithographies à deux teintes par Derudder, etc., d'après les dessins originaux de l'auteur. 2 beaux vol. grand in-8 jésus. 24 fr.

Reliure toile mosaïque, riche plaque spéciale, genre indien, tr. dor. 6 fr. le vol

VOYAGE EN PERSE.

Par le même, illustré, d'après les dessins de l'auteur, de magnifiques lithographies par Trayer, etc. 1 vol. gr. in-8 jésus. 10 fr.

Reliure toile mosaïque, riche plaque spéciale, genre persan, tr. dor. 6 fr. le vol.

ŒUVRES COMPLÈTES DE BUFFON.

Avec la Nomenclature linnéenne et la classification de Cuvier. Edition nouvelle, revue sur l'édition in-4 de l'Imprimerie royale; annotée par M. FLOURENS, membre de l'Académie Française, secrétaire perpétuel de l'Académie des Sciences, professeur au Muséum d'histoire naturelle. Les *OEuvres complètes de Buffon* forment 12 volumes grand in-8 jésus; illustrée de 162 planches 800 sujets coloriés, gravés sur acier, d'après les dessins originaux de M. Victor Adam; imprimée en caractères neufs, sur papier pâte vélin, par la typographie J. Claye.

M. le ministre de l'instruction publique a souscrit, pour les bibliothèques, à cette magnifique publication (aujourd'hui complétement achevée), reconnue par les hommes les plus compétents comme une édition modèle des œuvres du grand naturaliste. Le nom et le travail de M. Flourens la recommandent d'une façon toute particulière, et lui donnent un cachet spécial.

Pour satisfaire aux nombreuses demandes des personnes qui préfèrent l'acquisition par volumes à la vente par livraisons, nous avons ouvert une souscription par demi-volumes du prix de 5 fr.

LES TROIS RÈGNES DE LA NATURE

LE MUSÉUM D'HISTOIRE NATURELLE.

Histoire de la fondation et des développements successifs de l'établissement; biographie des hommes célèbres qui y ont contribué par leur enseignement ou par leurs découvertes; histoire des recherches, des voyages, des applications utiles, auxquels le Muséum a donné lieu, pour les arts, le commerce et l'agriculture, etc. Par M. PAUL-ANTOINE CAP. 1 vol. grand in-8, Jésus, édition de luxe, avec gravures sur acier et planches coloriées, etc. Prix : 21 fr.

HISTOIRE NATURELLE DES FAMILLES VÉGÉTALES,

BOTANIQUE.

Et des principales espèces, avec l'indication de leur emploi dans les arts, les sciences et le commerce, par M. Em. Le Maout. 1 vol. très-grand in-8 jésus; édition de luxe, gravures sur bois, figures coloriées à l'aquarelle, etc., etc. 21 fr. Reliure avec magnifiques plaques en mosaïque, 6 fr. de plus par volume.

HISTOIRE NATURELLE DES OISEAUX,

Classés méthodiquement, avec l'indication de leurs mœurs et de leurs rapports avec les arts, le commerce et l'industrie, par M. Em. Le Maout, 1 vol. grand in-8; édition de luxe avec gravures, figures coloriées, etc. 21 fr.

LES MAMMIFÈRES.

Histoire naturelle avec l'indication de leurs mœurs et de leurs applications dans les arts, le commerce et l'agriculture, par M. Paul Gervais. 1 beau volume grand in-8, illustré de 50 gravures, dont 30 coloriées. — Prix : 21 fr.— Prix de la reliure des 4 ouvrages ci-dessus, le volume :

Reliure toile mosaïque, tranche dorée. 6 fr.
Demi-reliure plats toile, tranche dorée. 6 fr.

COMPLÉMENT A BUFFON,

(DE L'ÉDITION POURRAT, 5 VOLUMES GRAND IN-8.)

Par Lesson, 2e édition, revue, corrigée et augmentée, illustrée de 50 gravures coloriées. 2 vol. grand in-8. 20 fr.

L'AFRIQUE FRANÇAISE, L'EMPIRE DU MAROC ET LES DÉSERTS DU SAHARA.

Édition illustrée d'un grand nombre de gravures sur acier, noires et coloriées, par Christian. 1 vol. grand in-8 jésus 15 fr.

Reliure toile, tranche dorée, fers spéciaux. 6 fr.
Même prix pour la demi-reliure, plats toile, tranche dorée.

ŒUVRES COMPLÈTES DE MOLIÈRE.

Avec un Commentaire par M. Auger, de l'Académie française. 1 vol. grand in-8 jésus; ornées de 16 vignettes, d'après MM. Horace Vernet, Desenne et Johannot, gravées par Nargeot. 12 fr. 50 c.

Reliure demi-chagrin. 3 fr. 50 c.
Même reliure, plats toile, tr. dor. 6 fr.

MOLIÈRE.

Œuvres complètes, précédées d'une notice sur la vie et les ouvrages de Molière, par M. Sainte-Beuve, illustrées de 800 dessins par Tony Johannot. Nouvelle édition. 1 magnifique volume grand in-8 jésus, imprimé par Plon frères. 20 fr.

Reliure toile mosaïque, plaque spéciale, tranche dorée. 6 fr.
— toile plaque spéciale, tranche dorée. 5 fr.
— demi-chagrin, plats toile, tranche dorée 6 fr.

ŒUVRES DE JEAN RACINE,

Avec un Essai sur la vie et les ouvrages de J. Racine, par M. Louis Racine, ornées de 13 vignettes d'après Gérard, Girodet, Desenne. 1 beau vol. in-8 jésus. 12 fr. 50 c.

Reliure demi-chagrin. 3 fr. » »
Même reliure, plats en toile, tranche dorée. 6 fr.

ŒUVRES COMPLÈTES DE CASIMIR DELAVIGNE.

6 volumes in-8, papier cavalier, avec gravures. Prix : 45 fr., net 35 fr.

Demi-reliure chagrin 50 fr.

ENCYCLOPÉDIE THÉORIQUE ET PRATIQUE DES CONNAISSANCES UTILES,

COMPOSÉE DE

TRAITÉS *sur les connaissances les plus indispensables, ouvrage entièrement neuf, avec environ* 1,500 *gravures intercalées dans le texte,*

Par MM. Alcan, Albert-Aubert, L. Baude, Bélanger, Berthelet, Am. Burat, Chenu, Debouttevillle, Delafond, Deyeux, Dubreuil, Fabre d'Olivet, Foucault, H. Fournier, Génin, Giguet, Girardin, Léon Lalanne, Ludovic Lalanne, Elizé Lefèvre, Henri Martin, Martins, Mathieu, Moll, Moreau de Jonnès, Péclet, Persoz, Louis Reybaud, Trébuchet, L. de Wailly, Wolowski, etc. 2 vol. grand in-8. 25 fr.

Reliure demi-chagrin, le volume. 3 fr. » »
— toile, tranche dorée, le volume. 4 fr. 50 c.

ENSEIGNEMENT ÉLÉMENTAIRE UNIVERSEL,
OU ENCYCLOPÉDIE DE LA JEUNESSE,

Ouvrage également utile aux jeunes gens, aux mères de famille, aux personnes qui s'occupent d'éducation et aux gens du monde; par MM. Andrieux de Brioude, docteur en médecine, et Louis Baude, professeur au collége Stanislas. Un seul volume grand in-8, contenant la matière de six vol., enrichi de 400 gravures servant d'explication au texte.— Prix : broché, 10 fr.; net 6 fr.

BIOGRAPHIE UNIVERSELLE.

Biographie portative universelle, contenant 20,000 noms, suivie d'une Table chronologique et alphabétique, où se trouvent répartis en cinquante-quatre classes différentes les noms mentionnés dans l'ouvrage, par L. Lalanne, L. Renier, Th. Bernard, Ch. Laumier, E. Janin, A. Delloye, etc. 1 vol. de 1,000 pages, format du *Million de Faits*, contenant la matière de 12 volumes. Broché, 12 fr., net 9 fr.

UN MILLION DE FAITS,

Aide-mémoire universel des sciences, des arts et des lettres, par MM. J. Aycard, Desportes, Léon Lalanne, Ludovic Lalanne, Gervais, A. Le Pileur, Ch. Martins, Ch. Vergé et Jung.

Un fort volume portatif, petit in-8, de 1,720 col., orné de grav. sur bois.

Prix, broché, au lieu de 12 fr., net 9 fr.

PATRIA.

(DEUXIÈME TIRAGE.)

La FRANCE ancienne et moderne, morale et matérielle, ou collection encyclopédique et statistique de tous les faits relatifs à l'histoire physique et intellectuelle de la France et de ses colonies. Deux très-forts volumes petit in-8, format du *Million de faits*, de 3,200 colonnes de texte, y compris plus de 500 colonnes pour une table analytique des matières, une table des figures; un état des tableaux numériques, et un index général alphabétique; orné de 330 gravures sur bois, de cartes et de planches coloriées, et contenant la matière de 16 forts volumes in-8.

Prix : broché, 18 fr., net 10 fr.

Divisions principales de l'ouvrage.

Géographie physique et mathématique, physique du sol, météorologie, géologie, géographie botanique, zoologie, agriculture, industrie minérale, travaux publics, finances, commerce et industrie, administration intérieure, état maritime, législation, instruction publique, géographie médicale, population, ethnologie, géographie politique, paléographie et numismatique, chronologie et histoire, histoire des religions, langues anciennes et modernes, histoire littéraire, histoire de l'agriculture, histoire de la sculpture et des arts plastiques, histoire de la peinture et des arts du dessin; histoire de l'art musical; histoire du théâtre, colonies, etc.

Ces trois ouvrages réunis forment une véritable Encyclopédie portative et contiennent la matière de 30 volumes ordinaires. Le savoir est aujourd'hui tellement répandu, qu'il n'est plus permis de rien ignorer; mais la mémoire la plus exercée ne pouvant que bien rarement retenir tous les détails de la science, ces ouvrages sont pour elle d'un secours précieux, et sont surtout devenus indispensables à tous ceux qui cultivent les sciences ou qui se livrent à l'instruction de la jeunesse.

Prix de la reliure de ces trois ouvrages : 4 volumes.
cartonné à l'anglaise, 1 fr. 50 c. en sus par vol.
dem.-rel. maroquin soigné, 1 fr. 75 c. id.

VOYAGE ILLUSTRÉ DANS LES CINQ PARTIES DU MONDE,

DE 1846 A 1849,

Par Adolphe Joanne. 1 vol. in-folio (format de *l'Illustration*), illustré d'environ 700 gravures. 15 fr.; rel. toile, doré, 20 fr.

JOURNÉES DE LA RÉVOLUTION DE FÉVRIER 1848.

Depuis le 24 février 1848 jusqu'à la nomination du Président de la République, précédées d'une introduction sur les causes et les faits qui ont amené la révolution. 1 vol. du format de *l'Illustration;* 900 grandes gravures imprimées dans le texte. 15 fr.; relié toile, doré sur tranche, 20 fr.

L'ILLUSTRATION.

25 volumes (1842-1855, 1er semestre) ornés de plus de 3,900 gravures sur tous les sujets actuels. Événements politiques, fêtes et cérémonies religieuses, portraits des personnages célèbres, inventions industrielles, vues pittoresques, cartes géographiques, compositions musicales, tableaux de mœurs, scènes de théâtre, monuments, costumes, décors, tableaux, statues, modes, caricatures, etc., etc., etc.

Prix des 25 volumes brochés, 16 fr. le vol.; rel. en percal., fers et tr. dorés, 5 fr. par volume en sus.

CHANSONS NATIONALES ET POPULAIRES DE FRANCE.

Précédées d'une histoire de la Chanson, et accompagnées de notices historiques et littéraires, par Dumersan et Noel Ségur, ornées de 48 dessins par Gavarni, Karl, Girardet, G. Staal, A. Varin, etc., gravés sur acier par Ch. Geoffroy. (*Edition de Gonnet.*)

Cet ouvrage est le chansonnier qui contient, outre les chansons traditionnelles, telles que : *M. de la Palisse, Cadet Roussel*, etc., les chefs-d'œuvre des chansonniers les plus illustres, depuis Racan et Maître Adam jusqu'à Désaugiers, Béranger, Emile Debraux et Pierre Dupont. Il est classé par séries de genres spéciaux, en sorte qu'une romance ne se trouve pas à côté d'une gaudriole, et une chanson patriotique près d'une chansonnette.

Deux gros volumes de *deux mille colonnes*, contenant près de *quatorze cents chansons;* brochés, 20 fr.

Demi-reliure plats toile dorés sur tranche, 30 fr.

CHANTS ET CHANSONS POPULAIRES DE LA FRANCE.

996 romances et chansonnettes, chants guerriers et patriotiques, chansons bachiques, burlesques et satiriques.

Nouvelle édition illustrée de 336 belles gravures sur acier, d'après MM. E. de Beaumont, Daubigny, Dubouloz, E. Giraud, Meissonnier, Pascal, Staal, Steinheil et Trimolet, gravées par les meilleurs artistes. 2 beaux vol. avec riches couvertures et frontispices gravés, table et introduction, contenant 996 chansons. — Le premier volume est composé de chansons, romances et complaintes, rondes et chansonnettes; le deuxième volume de chants guerriers et patriotiques, chansons bachiques, burlesques et satiriques. Prix de chaque volume, 11 fr.

LES FEMMES DE H. DE BALZAC.

Types, caractères et portraits; précédés d'une notice biographique par *le bibliophile Jacob, et illustré de 14 magnifiques portraits* gravés sur acier d'après les dessins de *G. Staal.* 1 beau vol. gr. in-8 jésus. Prix : 12 fr.

ŒUVRES CHOISIES DE GAVARNI,

Revues, corrigées et nouvellement classées par l'auteur, publiées dans le format du *Diable à Paris*, et accompagnées de notices par MM. de Balzac, Théophile Gautier, Gérard de Nerval, Léon Gozlan, Laurent-Jean, Jules Janin, Alphonse Karr, P.-J. Stahl, etc. 4 vol. gr. in-8, renfermant chacun 80 grandes vignettes, 40 fr.

Reliure toile, tranche dorée, le volume. 5 fr.

SCÈNES DE LA VIE PRIVÉE ET PUBLIQUE DES ANIMAUX,

Illustrées par Grandville. 2 vol. gr. in-8. (Paris, Hetzel.) 30 fr.

Reliure toile mosaïque, tr. dorée, riche plaque spéciale. Le vol. 6 fr. 50 c.
— toile, tranche dorée, riche plaque spéciale. Le vol. 5 fr. 50 c.

LE DIABLE A PARIS,

Par Gavarni. 2 vol. grand in-8. (Paris, Hetzel.) 30 fr., net 20 fr.

Mêmes reliures et mêmes prix que pour les *Animaux peints*.
Il y a aussi une plaque spéciale.

LES FLEURS ANIMÉES.

Dessins par J.-J. Grandville, texte par Alph. Karr, Taxile Delord, le comte Fœlix. — Deux beaux volumes grand in-8, illustrés de 50 dessins gravés sur acier et coloriés; brochés, 25 fr.

Reliure toile mosaïque, tr. dor., le volume net 5 fr.

LES ÉTOILES.

Dernière féerie, par Grandville, texte par Méry, avec l'*Astronomie des Dames*, par le comte Fœlix. 1 vol., grand in-8, splendide édition. Prix : 10 fr.

Reliure toile mosaïque, net 5 fr.

UN AUTRE MONDE.

1 vol. petit in-4, 36 vignettes coloriées, 150 sujets dans le texte, 18 fr., net 12 fr.

Reliure toile, tranche dorée. 5 fr.
— toile mosaïque, fers spéciaux. 6 fr.

PETITES MISÈRES DE LA VIE HUMAINE.

Texte par Old Nick. 1 vol. grand in-8, 50 vignettes à part, 200 sujets dans le texte, 15 fr., net 10 fr.

Reliure toile mosaïque, tranche dorée. 4 fr.

CENT PROVERBES.

1 vol. gr. in-8, 50 vign. à part, frises, lettres, culs-de-lampe, 15 fr., net 10 fr.

Reliure toile mosaïque, tranche dorée. 4 fr.

LA CHINE OUVERTE.

Texte par Old Nick, illustrations par Borget. 1 vol. grand in-8, 250 sujets, dont 50 tirés à part; 15 fr., net 10 fr.

Reliure toile mosaïque, tranche dorée. 4 fr.

PERLES ET PARURES.

Première partie. — LES JOYAUX. — Fantaisie.

Dessins par Gavarni, texte par Méry et le comte Fœlix. — Un beau volume grand in-8, illustré de 15 gravures sur acier, par Ch. Geoffroy, imprimées sur chine avec le plus grand soin.

PERLES ET PARURES.

Deuxième partie. — LES PARURES. — Fantaisie.

Dessins par Gavarni, texte par Méry et le comte Fœlix. — Un beau volume grand in-8, illustré de 15 gravures sur acier, par Ch. Geoffroy, imprimées sur chine avec le plus grand soin. Broché, les 2 volumes, 30 fr., net 20 fr.

MUSES ET FÉES.

HISTOIRE DES FEMMES MYTHOLOGIQUES.

Dessins par G. Staal, texte par le comte Fœlix.

Charmant ouvrage où se mêlent, sans se confondre l'Histoire, la Légende et le Conte, la Sagesse et la Folie, la Fable et la Vérité; réunion nécessairement féconde en merveilles, en drames prodigieux, en féeries de toutes sortes.

Un beau volume grand in-8, illustré de 12 dessins, rehaussés d'or et de couleur; broché, 12 fr.; net 10 fr.

DROLERIES VÉGÉTALES.

OU LÉGUMES ANIMÉS.

Dessins par J.-J. Grandville, continué par A. Varin, texte par Eugène Nus et Antony Méray. — Un beau volume grand in-8, illustré de 25 dessins gravés sur acier et coloriés; broché, 15 fr., net 10 fr.

LES PAPILLONS.

MÉTAMORPHOSES TERRESTRES DES PEUPLES DE L'AIR.

Dessins par J.-J. Grandville, continué par A. Varin, texte par Eugène Nus, Antony Méray et le comte Fœlix. — Deux beaux volumes grand in-8, Prix : 20 fr.

Reliure des cinq ouvrages ci-dessus, par vol., toile mosaïque, net 5 fr.

PHYSIOLOGIE DU GOUT,

Par Brillat-Savarin, illustrée par Bertall. — Un beau volume in-8, illustré d'un grand nombre de gravures sur bois intercalées dans le texte, et de huit sujets gravés sur acier par Ch. Geoffroy, imprimés sur chine avec le plus grand soin; prix broché, 10 fr.

Relié toile avec plaque spéciale et doré sur tranche, 15 fr.,

LES TROIS MOUSQUETAIRES,

1 vol. gr. in-8, illustré de 33 grav. à part, avec vignettes, lettres ornées, culs-de-lampe, et comprenant les huit vol. de l'édition ordinaire, 10 fr.

HISTOIRE DE LA VIE POLITIQUE ET PRIVÉE DE LOUIS-PHILIPPE,

Depuis son avénement jusqu'à la révolution de 1848, par Alexandre Dumas; illustré de 12 grav. sur acier. 2 vol. in-8, 12 fr., net 10 fr.

LES RUES DE PARIS.

Paris ancien et nouveau, origines, histoires, monuments, costumes, mœurs, chroniques et traditions. Ouvrage rédigé par l'élite de la littérature contemporaine, sous la direction de Louis Lurine, et illustré de 300 dessins exécutés par les artistes les plus distingués. 2 vol. gr. in-8. Prix : 32 fr.; toile dorée, mosaïque ; net 25 fr.

HISTOIRE PITTORESQUE DES RELIGIONS,

Doctrines, cérémonies et coutumes religieuses de tous les peuples du monde, par F. T. B. Clavel, illustrée de 29 gravures sur acier. 2 vol. grand in-8, 20 fr., net 15 fr.

Reliure demi-chagrin des 2 volumes en un. 3 fr. 50 c.

WERTHER DE GŒTHE.

Traduit par P. Leroux, accompagné d'un travail littéraire par George Sand. 1 beau vol. gr. in-8 jésus, illustré de 10 magnifiques eaux-fortes de Tony Johannot, épreuves sur chine avant la lettre. 6 fr.

Relié toile tranche dorée. 11 fr.

DON QUICHOTTE DE LA MANCHE,

Traduction nouvelle, précédée d'une notice sur la vie et les ouvrages de l'auteur, par Louis Viardot, ornée de 800 dessins par Tony Johannot, 2 vol. grand in-8 jésus. Prix broché, 30 fr., net 20 fr.

Reliure demi-chagrin, le volume. 3 fr. 50 c.
— toile tranche dorée. 5 fr.

LE MÊME OUVRAGE, 1 vol. grand in-8, 20 fr.

Reliure toile, tranche dorée, mosaïque. 5 fr. 50 c.

GIL BLAS DE SANTILLANE,

Par Le Sage, nouvelle édition illustrée d'après les dessins de Jean Giroux, augmentée de *Lazarille de Tormes*, traduit par Louis Viardot et illustrée par Meissonnier. 1 vol. in-8, jésus. 10 fr., rel. toile, tr. dorée 5 fr. 50 c. en sus.

LE DIABLE BOITEUX.

Par Le Sage. 1 beau volume grand in-8 jésus illustré. 10 fr., net 6 fr. 50 c.

Rel. toile ou demi-chagrin, plats toile, tr. dor. 15 fr., net 11 fr.

JÉROME PATUROT,

A la recherche d'une position sociale, par Louis Reybaud, illustré par J.-J. Grandville. 1 volume grand in-8, orné de 163 bois dans le texte, et de 35 grands bois tirés hors texte, gravés par Best et Leloir, d'après les dessins de J.-J. Grandville.

Prix : br. avec couv. ornées d'après Grandville, 15 fr., net 12 fr. 50 c. rel. percal., ornées du blason de *Paturot*, tirées en couleurs, d'après les dessins de Grandville ; filets, dor. sur tranche. 6 fr.

VICTOR HUGO.

NOTRE-DAME DE PARIS,

Édition illustrée de 50 à 60 magnifiques gravures sur acier et sur bois imprimées hors texte, d'un grand nombre de fleurons, frises, lettres ornées, culs-de-lampe, etc., d'après les dessins de MM. E. de Beaumont, L. Boulanger, Daubigny, T. Johannot, de Lemud, Meissonnier, C. Roqueplan, Steinheil. 1 vol. grand in-8. 20 fr., net 15 fr.

Reliure toile, tranche dorée, fers spéciaux. 5 fr. 50 c.

ŒUVRES COMPLÈTES DE H. DE BALZAC.

La *Comédie humaine*, nouvelle édition illustrée de 121 vignettes d'après Johannot, Meissonnier, Gavarni, H. Monnier, Bertall, etc., et d'un portrait de l'auteur gravé sur acier. 20 vol. in-8. (chaque volume se vend séparément, 5 fr.), papier glacé, renfermant les 150 volumes des éditions précédentes, 100 fr.

LES ÉTRANGERS A PARIS,

Par MM. Louis Desnoyers, J. Janin, Old-Nick, Stanislas, Bellenger, Drouineau, Marco de Saint-Hilaire, Roger de Beauvoir. 1 vol. grand in-8, illustré de 400 grav. 15 fr., net 8 fr.

Reliure toile, tranche dorée, mosaïque. 6 fr.

LES MYSTÈRES DE PARIS,

Par Eugène Sue. Édition illustrée. 4 vol. grand in-8. Prix : 40 fr., net 30 fr.

LE JUIF ERRANT,

Par Eugène Sue. Édition illustrée par Gavarni. 4 vol. grand in-8, même format que *les Mystères de Paris*. 40 fr., net 30 fr.

Les 8 volumes ensemble des *Mystères* et du *Juif errant*, 80 fr., net 50 fr.

Demi-reliure chagrin. (On peut faire relier 2 vol. en un.) 3 fr. 50 c. le volume.

PETITES MISÈRES DE LA VIE CONJUGALE.

Par H. Balzac, illustrées par Bertall. 1 vol. grand in-8, orné de 50 gravures tirées à part et d'environ 250 sujets dans le texte, broché 15 fr., net 10 fr., relié demi-chagrin plats toile, tranche dorée. 16 fr.

REVUE PITTORESQUE,

Volumes divers grand in-8. 6 fr. le volume.

LE FILS DU DIABLE.

Par Paul Féval, illustré de jolies gravures. 2 vol. grand in-8. Prix : 25 fr., net 20 fr.

LES FASTES DE VERSAILLES.

Par H. Fortoul. 1 vol. grand in-8 jésus, illustré de 24 belles gravures sur acier. 10 fr.

Reliure toile, tranche dorée, mosaïque. 6 fr.

Collections d'Ouvrages illustrés pour les Enfants.

COLLECTION DE JOLIS VOL. IN-8 ANGLAIS BROCHÉS, 3 FR. LE VOLUME, REL. TOILE MOSAIQUE, DORÉ SUR TRANCHE, 5 FR.

L'Ami des Adolescents, par Berquin, illustré de bois dans le texte. 1 vol.

Astronomie pour la jeunesse, par Berquin, illustrée de bois dans le texte. 1 vol.

Histoire naturelle pour la jeunesse, par Berquin, illustrée de bois dans le texte. 1 vol.

Contes des Fées, par Ch. Perrault, 150 vignettes par Johannot, etc. 1 vol.

Fables de Florian illustrées d'un grand nombre de bois dans le texte. 1 vol.

Fables de La Fontaine, illustrées d'un grand nombre de vignettes dans le texte. 1 vol.

Le Livre des jeunes filles, par l'abbé de Savigny, 200 bois dans le texte. 1 vol.

Le Livre des écoliers, par l'abbé de Savigny, 400 vignettes. 1 vol. (*Ce volume ne se vend pas séparément de la collection.*)

Paul et Virginie, par Bernardin de Saint-Pierre, 100 vignettes par Bertall. 1 vol.

Mystères du Collége, par d'Albanès, illustrés de 100 charmantes vignettes dans le texte. 1 vol.

La Pantoufle de Cendrillon, par A. Houssaye, illustré de 100 vignettes. 1 vol.

Histoire d'un Casse-noisette, par Alexandre Dumas. 2 vol.

Alphabet français, nouvelle Méthode de Lecture en 80 tableaux, illustré de 20 gravures; par madame de Lansac. 1 vol.

Les Nains célèbres, par A. d'Albanès et G. Fath. 100 vignettes. 1 vol.

Histoire d'un Pion, par Alphonse Karr, illustrée par Gérard Séguin. 1 vol.

Le Livre des petits enfants, par Balzac, etc., 90 vignettes par Séguin. 1 vol.

La Mythologie de la jeunesse, par L. Baudet. 120 vignettes par Séguin. 1 vol.

Histoire du véritable Gribouille, par George Sand, 100 vignettes par Maurice Sand. 1 vol.

La mère Michel et son chat, par Labédollière, vignettes par Bertall. 1 vol.

Polichinelle, par Octave Feuillet, vignettes par Bertall. 1 vol.

Les Fées de la mer, par Alph. Karr, illustrées par Lorentz. 1 vol.

Le Royaume des roses, par Arsène Houssaye, illustré par Gérard Séguin. 1 vol.

La Bouillie de la comtesse Berthe, par Alexandre Dumas, 150 vignettes par Bertall. 1 vol.

Trésor des fèves et fleur des pois, par Charles Nodier, 100 vignettes par Johannot. 1 vol.

Monsieur le Vent et madame la Pluie, par P. de Musset, 120 vignettes par Séguin. 1 vol.

Aventures merveilleuses et touchantes du prince Chenevis et de sa jeune sœur, par Léon Gozlan. 100 vignettes par Bertall. 1 vol.

Le Prince Coqueluche, par Édouard Ourliac, vignettes par Delmas, 1 vol.

Aventures de Tom Pouce, par P.-J. Stahl, 120 vignettes par Bertall. 1 vol.

Le Vicaire de Wakefield, traduit par Ch. Nodier, illustré de vignettes dans le texte. 2 vol.

HEURES DE L'ENFANCE,

Poésies religieuses, poésies récréatives et méditations, illustrées de jolies vignettes sur acier, encadrements, lettres ornées, fleurons, frontispices, or et couleur, 1 vol. in-8, rel. toile mosaïque, tranche dorée, 9 fr.

AVENTURES DE ROBINSON CRUSOÉ,

Par de Foé, illustrées par Grandville. 1 beau vol. in-8. Prix : 10 fr.

Reliure toile mosaïque, tranche dorée. 4 fr. 50 c.

VOYAGES ILLUSTRÉS DE GULLIVER,

Dessins par Grandville. 1 beau vol. in-8, sur papier satiné et glacé. Prix : 10 fr.

Reliure toile mosaïque, tranche dorée. 4 fr. 50 c

LA PETITE-FILLE DE ROBINSON.

Par madame la comtesse de Germany, illustrée de gravures sur bois et de lithographies. 1 vol. gr. in-8, relié toile mosaïque, tr. dorée. 10 fr.

CONTES DES FÉES DE CHARLES PERRAULT.

Illustrés de 15 lithographies tirées à part et de dessins sur bois par MM. Gavarni, etc. 1 vol. grand in-8. 6 fr.

Toile mosaïque, tranche dorée, net 3 fr. 50 c.

FABLES DE FLORIAN.

Illustrées de 8 bois tirés à part et de dessins sur bois dans le texte, par Bataille. 1 vol. grand in-8. 6 fr.

Relié, toile mosaïque, tranche dorée. 9 fr. 50 c.

FABLES DE FLORIAN,

1 vol. grand in-8 illustré, par Grandville, de 80 grandes gravures et 25 vignettes dans le texte. 10 fr., rel. toile, tr. dor. mosaïque, 14 fr.

FABLES DE LA FONTAINE.

Illustrations de Grandville. 1 superbe vol. grand in-8, sur papier jésus glacé, satiné, avec encadrement des pages et un sujet à chaque fable. Édition unique par le talent, la beauté et le soin qui y ont été apportés. Prix : 18 fr.; rel. toile mosaïque, dor. sur tr. 24 fr.

FABLES DE LA FONTAINE,

Illustrées du portrait de l'auteur, de 10 lithographies à deux teintes et de vignettes dans le texte. 1 beau vol. grand in-8. 6 fr.

Relié, toile mosaïque, tranche dorée, net 10 fr.

FABLES DE LACHAMBEAUDIE,

Précédées d'une introduction par Béranger; illustrées de 14 gravures sur acier, du portrait de l'auteur et de jolies vignettes dans le texte. 1 magnifique vol. grand in-8. 10 fr.

(*Ouvrage couronné par l'Académie.*)

Reliure toile mosaïque, plaque spéciale, tranche dorée. 4 fr. 50 c.

LES BEAUTÉS DE LA FRANCE,

Par M. A. Girault de Saint-Fargeau. 1 magnifique vol. grand in-8 colombier, illustré de 33 gravures sur acier. 10 fr.

Reliure toile mosaïque, tranche dorée. 5 fr. 50 c.

HISTOIRE DE L'AMÉRIQUE,

Par J.-H. Campe, précédée d'un Essai sur la vie et les ouvrages de l'auteur, par Ch. Saint-Maurice. 1 vol. grand in-8 raisin, illustré de 120 bois dans le texte et à part. 10 fr.

Reliure toile mosaïque, tranche dorée. 4 fr. 50 c.
— toile, tranche dorée. 4 fr.

AUTOUR DE LA TABLE,

Albums petit in-4 illustré : au lieu de 5 fr., 3 fr. 50 c.

Reliure toile, tranche dorée. Le vol. 2 fr. 50 c.

De la Chasse et de la Pêche, 1 vol.
Des Rébus, 1 vol.
De Cryptogame, 1 vol.
De la Mode, 110 dessins, 1 vol.
Le Jour de l'an et le reste de l'année, illustré de 303 caricatures, par Cham, 1 vol.

MAGASIN DES ENFANTS,

Par Mme Leprince de Beaumont. 1 vol. grand in-8, illustré de figures à deux teintes et d'un grand nombre de vignettes dans le texte. 10 fr.

Relié toile mosaïque. 15 fr.

REVUE CATHOLIQUE.

Recueil illustré d'environ 800 gravures. 1 vol. grand in-8, 6 fr.; relié toile, tranche dorée, 9 fr.

L'AMI DES ENFANTS DE BERQUIN.

Nouvelle édition, illustrée de dessins par Perrasin, J.-C. Demerville et de lithographies par Ferogio. 1 vol. grand in-8 jésus. 10 fr.

Relié en toile mosaïque. 15 fr.

BERQUIN.

Histoire naturelle pour la jeunesse, illustrée de 12 belles lithographies coloriées, dont 6 sujets de fleurs, oiseaux et papillons, et de 150 bois dans le texte. 1 beau vol. gr. in-8, relié en toile, tr. dorée. 10 fr.

Relié, en toile mosaïque, tranche dorée. 15 fr.

CONTES DE CHARLES NODIER.

Nouvelle édition illustrée de 8 magnifiques eaux-fortes de Tony Johannot, sur chine avant la lettre. 1 vol. grand in-8 jésus. 6 fr.

Relié toile mosaïque, tr. dor., net 11 fr. 50 c.

LE VICAIRE DE WAKEFIELD.

Par Goldsmith, trad. par Ch. Nodier. Nouv. éd. illustrée de 10 grav. sur acier, par Tony Johannot. 1 vol. gr. in-8 jésus. 6 fr.

Relié toile mosaïque. 11 fr. 50 c.

PAUL ET VIRGINIE (ÉDITION FURNE.)

Suivi de la Chaumière indienne, par J.-H. Bernardin de Saint-Pierre.

Illustré d'un grand nombre de vignettes sur bois, par Tony Johannot, Meissonnier, Français, Isabey, etc., etc., de sept portraits gravés sur acier et d'une carte de l'Ile de France; précédé d'une notice historique et littéraire sur Bernardin de Saint-Pierre, par M. C.-A. Sainte-Beuve, de l'Académie Française. Nouvelle édition, augmentée d'un abrégé de la Flore de l'Ile de France. 1 beau vol. gr. in-8. Prix : 15 fr.

Relié toile mosaïque, tr. dor., 20 fr.

PAUL ET VIRGINIE (ÉDITION V. LECOU.)

Suivi de la *Chaumière indienne*, par Bernardin de Saint-Pierre; nouvelle édition richement illustrée de 120 bois dans le texte, et de 14 gravures sur chine, tirées à part. 1 vol. grand in-8 jésus. 10 fr., net 7 fr. 50 c.

Reliure toile mosaïque, riche plaque spéciale, tranche dorée. 5 fr.
— demi-chagrin, plats en toile, tranche dorée. 5 fr. 50 c.

PAUL ET VIRGINIE,

Suivi de *la Chaumière indienne*, par Bernardin de Saint-Pierre. 1 beau vol. in-12 (format Charpentier) orné de 75 gravures. Prix : broché, 3 fr.; toile, mosaïque dor. sur tr., 4 fr. 50 c.

PICCIOLA,

Par X.-B. Saintine. Nouvelle édition, illustrée par Tony Johannot et Nanteuil. 1 vol. in-8, 10 fr.; rel. toile, mosaïque tr. d. 14 fr.

L'HERBIER DES DEMOISELLES,

Ou Traité complet de la Botanique; par Edmond Audouit, illustré de jolies vignettes. 1 vol. in-12, rel. toile mosaïque. 7 fr. 50 c.

LES FLEURS NATURELLES

Employées à la parure pour bals et soirées, suivies du Langage des Fleurs, par Jules Lachaume, ornées de figures à deux teintes et coloriées. 1 vol. in-12. 5 fr., net 3 fr. MÊME OUVRAGE, sans gravures, net 75 c.

PREMIERS VOYAGES EN ZIG-ZAG,

OU EXCURSIONS D'UN PENSIONNAT EN VACANCES DANS LES CANTONS SUISSES ET SUR LE REVERS ITALIEN DES ALPES,

Par R. Töpffer. Magnifiquement illustrés d'après les dessins de l'auteur et de 15 grands dessins par Calame; nouvelle édition, imprimée par Plon frères. 1 volume gr. in-8 jésus, papier glacé satiné. 12 fr.

Reliure toile mosaïque, riche plaque spéciale, tranche dorée. 6 fr. »
— demi-chagrin, plats toile, tr. dor. 5 fr. 50 c.

NOUVEAUX VOYAGES EN ZIG-ZAG

A LA GRANDE CHARTREUSE, AU MONT BLANC, DANS LES VALLÉES D'HERENZ, DE ZERMATT, AU GRIMSEL ET DANS LES ÉTATS SARDES.

Par R. Töpffer. Splendidement illustrés de 48 gravures sur bois tirées à part et de 320 sujets dans le texte, dessinés d'après les dessins originaux de Töpffer, par MM. Calame, Karl Girardet, Français, d'Aubigny, de Bar, Forest, Hadamar, Elmeric, Stopp, Gagnet, Veyrassat, et gravés par nos meilleurs artistes. Un volume grand in-8 jésus, papier glacé satiné, imprimé par Plon frères. 16 fr.

Reliure toile mosaïque, riche plaque spéciale, tranche dorée. 6 fr.
— demi-chagrin, plats toile, tr. dor. 6 fr.

LES NOUVELLES GENEVOISES,

Par TÖPFFER, illustrées d'après les dessins de l'auteur, au nombre de 610 dans le texte et 40 hors texte, gravures par Best, Leloir, Hotelin et Régnier. 1 charmant vol. in-8 raisin.

Prix : broché, 10 fr., toile tr. dor. 15 fr.

HISTOIRE DES FRANÇAIS,

Par Théophile Lavallée. Édition ornée de 20 magnifiques nouvelles gravures sur acier, d'après MM. Gros, Paul Delaroche, Eugène Delacroix, Horace Vernet, Steuben, Scheffer, Vinterhalter, etc. 2 forts vol. grand in-8 jésus 24 fr.

Reliure toile mosaïque, plaque spéciale, tranche dorée. 6 fr. le vol.
— toile, tranche dorée, plaque spéciale. 5 fr. le vol.
— demi-chagrin, plats toile, tranche dorée. 5 fr. 50 c. le vol.

HISTOIRE DE L'EMPIRE OTTOMAN,

DEPUIS LES TEMPS LES PLUS ANCIENS JUSQU'A NOS JOURS,

Par M. Théophile Lavallée, un magnifique volume grand in-8, accompagné de 18 belles gravures anglaises sur acier, représentant des scènes historiques, des vues, des portraits, etc. 18 fr.

Relié en toile mosaïque, plaque spéciale, tranche dorée. 24 fr.

HISTOIRE DE LA MAISON ROYALE DE SAINT-CYR (1686-1793),

Par M. Théophile Lavallée. 1 beau vol. in-8, jésus, illustré d'un portrait de Mme de Maintenon, d'une magnifique vue de l'école de Saint-Cyr d'après G. de Lemud, d'un plan topographique et d'un costume des demoiselles de Saint-Cyr. 10 fr.

Demi-reliure, plats toile, tr. dor. 15 fr. 50 c.

MERVEILLES DU GÉNIE DE L'HOMME,

Découvertes, inventions, etc.; par Amédée de Bast, ornées de gravures à part le texte et dans le texte. 1 vol. grand in-8. 10 fr., net 7 fr. 50 c.

Relié toile mosaïque. 12 fr. 50 c.

LA BRETAGNE,

Par J. Janin. Illustrée de belles vignettes sur acier, de planches d'armoiries, de costumes coloriés, tirés à part, et d'un grand nombre de vignettes sur bois dans le texte. 1 beau vol. grand in-8 jésus. 20 fr.

Relié en toile mosaïque, plaque spéciale, tranche dorée. 26 fr.

SILVIO PELLICO ILLUSTRÉ

MES PRISONS,

(ÉDITION DELLOYE.)

Suivies du Discours sur les devoirs des hommes, trad. nouvelle par M. le comte H. de Messey, revue par le vicomte Alban de Villeneuve; précédées d'une introduction contenant des détails biographiques entièrement inédits sur l'auteur, sur ses compagnons de captivité, sur les prisons d'État, par M. V. Philippon de la Madelaine.

Quatre-vingts vignettes sur acier, gravées d'après les dessins de MM. Gérard Seguin, Trimolet, Steinheil, Daubigny, etc., 1 volume format grand in-8, 12 fr.; l'exemplaire richement relié toile, tr. dor. 16 fr., toile mosaïque, 17 fr.

SILVIO PELLICO.

Mes Prisons, traduction de M. Antoine de Latour, illustrée par Tony Johannot de 100 beaux dessins gravés sur bois. Nouvelle édition. Paris, 1855. 1 vol. grand in-8 jésus vélin, glacé, satiné, relié toile, tranche dorée, plaque spéciale. 15 fr.

Relié toile mosaïque, plaque spéciale, tranche dorée. 16 fr.

LES SOIRÉES DE LA CHAUMIÈRE,

Ou les leçons du vieux père; par Ducray-Duminil; nouvelle édition, illustrée par Th. Fragonard. 2 vol. grand in-8. 24 fr., net 12 fr.

Reliés en toile, tranche dorée, deux volumes en un. 18 fr.

LEÇONS ÉLÉMENTAIRES D'HISTOIRE NATURELLE.

Traité de CONCHYLIOLOGIE, précédé d'un aperçu sur toute la ZOOLOGIE, à l'usage des étudiants et des gens du monde. Ouvrage adressé à madame François Delessert, par M. J.-C. CHENU, conservateur du Musée d'histoire naturelle de M. B. DELESSERT. 1 vol. in-8, orné de 1,000 vignettes gravées sur cuivre et sur bois, imprimées dans le texte, et d'un atlas de 12 planches gravées en taille-douce et magnifiquement coloriées.

Prix : broché, au lieu de 15 fr., net 10 fr.

LE MÊME OUVRAGE, Atlas de planches noires. Prix du volume broché : 12 fr., net 6 fr. Relié toile, tr. dor. 3 fr. 50 c. en plus.

LA FEMME JUGÉE PAR LES GRANDS ÉCRIVAINS DES DEUX SEXES,

Ou la *Femme devant Dieu*, *devant la nature*, *devant la loi et devant la société*. Riche et précieuse mosaïque de toutes les opinions émises sur la femme depuis les siècles les plus reculés jusqu'à nos jours. Ouvrage entièrement revu, le seul qui réunisse un ensemble aussi complet et aussi varié sur les femmes; par L.-J. Larcher. Précédé d'une Introduction de *M. Bescherelle* aîné, auteur du Dictionnaire national et du Dictionnaire de tous les verbes conjugués. 1 vol. grand in-8, illustré de 18 magnifiques portraits sur acier, gravés au burin par les plus célèbres artistes anglais, 16 fr.; rel. toile mosaïque, tranche dorée, 22 fr.

LE LIVRE DES VACANCES,

Par Schmit. 1 vol. grand in-8 jésus, illustré. 10 fr., net 7 fr. 50 c.
Relié en toile mosaïque, tranche dorée. 15 fr., net 12 fr. 50 c.

Bibliothèque choisie.

Collection des meilleurs ouvrages français et étrangers, anciens et modernes, format grand in-18 (dit anglais), papier jésus vélin. Cette collection est divisée par séries. La première et la deuxième série contiennent des volumes de 400 à 500 pages, au prix de 3 fr. 50 c. le volume. La troisième série est composée de volumes de 250 pages environ, à 1 fr. 75 c. le vol. La majeure partie des volumes est ornée d'une vignette ou d'un portrait sur acier.

OUVRAGES PUBLIÉS :

1re *Série.* — *Volumes à* 3 *fr.* 50 *c.*

OEuvres de J. Reboul, de Nîmes : Poésies diverses; le Dernier Jour, poëme. 1 vol. avec portrait.

Marie, la Fleur d'or, Primel et Nola, par A. Brizeux, 1 vol.

Raphaël. Pages de la vingtième année, par A. de Lamartine. 3e édit. 1 vol.

Histoire intime de la Russie sous les empereurs *Alexandre* et *Nicolas*, par J.-M. Schnitzler. 2 forts vol.

Lettres sur la Russie, 2e édition entièrement refondue et considérablement augmentée, par X. Marmier, 1 vol.

Du Danube au Caucase, voyages et littérature, par X. Marmier. 1 vol.

Les Perce-Neige, nouvelle du Nord, trad. par X. Marmier, auteur des *Lettres sur la Russie.* 1 vol.

Dictionnaire du pêcheur. Traité de la pêche en eau douce et en eau salée, par Alphonse Karr. 1 vol.

OEuvres complètes d'Ossian, nouvelle traduction par A. Lacaussade, 1 vol.

Correspondance de Jacquemont avec sa famille et plusieurs de ses amis pendant son voyage dans l'Inde (1828-1832). Nouv. éd., augmentée de lettres inédites et d'une carte. 2 vol.

Causeries du Lundi, par M. Sainte-Beuve, de l'Académie française. Ce charmant recueil renfermant des appréciations aussi justes que spirituelles sur les personnages les plus éminents, se compose de 11 vol. grand in-18. Chaque volume contenant des articles complets se vend séparément.

Essais d'histoire littéraire, par M. Géruzez. 2 vol. 1er volume: *Moyen âge et Renaissance.* 2e volume: *Temps modernes.*

Scènes d'Italie et de Vendée, par J. Crétineau-Joly. 1 vol. in-18.

La Clef de la science, ou les Phénomènes de tous les jours expliqués, par le docteur E.-C. Brewer. 1 vol. de 500 pages.

La musique ancienne et moderne, par Scudo, nouveaux mélanges de critique et de littérature musicales. 1 vol.

Cours d'hygiène, par le docteur A. Tessereau, professeur d'hygiène; ouvrage couronné par l'Académie impériale de médecine. 1 vol.

Mélanges de morale et d'économie politique, par Benjamin Franklin. 1 vol. in-18.

Économie politique ou principes de la science des richesses, par Joseph Droz. 3e édit. 1 vol. in-18.

Vies des Dames galantes, par le seigneur de Brantôme. Nouvelle édition, revue et corrigée sur l'édition de 1740, avec des remarques historiques et critiques. 1 vol.

Légendes du Nord, par Michelet. 1 vol.

Excursion en Orient, l'Égypte, le Mont Sinaï, l'Arabie, la Palestine, la Syrie, le Liban, par le comte Ch. de Pardieu. 1 vol.

Curiosités dramatiques et littéraires, par M. Hippolyte Lucas. 1 vol.

Education progressive, ou Etude du cours de la vie, par madame Necker de Saussure. 2 vol.
Ouvrage qui a obtenu le prix Montyon.

OEuvres de E.-T.-A. Hoffmann, trad. de l'allemand par Loève-Weimars. Contes fantastiques, 2 vol.

Orateurs et Sophistes grecs. Choix de harangues, d'éloges funèbres, de plaidoyers criminels et civils, etc. 1 vol.

Ballades et Chants populaires de l'Allemagne. Traduction nouvelle, par Seb. Albin. 1 vol.

Messieurs les Cosaques, par MM. Taxile Delord, Clément Caraguel et Louis Huart. 100 vignettes par Cham. 2 vol.

2e Série. — *Volumes au lieu de 3 fr. 50 c., net 3 fr.*

Les Mondes nouveaux, voyage anecdotique dans l'océan Pacifique, par Paulin Niboyet. 1 vol in-18

Histoire littéraire française et étrangère, etc., par Girault de Saint-Fargeau. 1 vol. in-18.

Les hommes et les mœurs en France, sous le règne de Louis-Philippe, par Hippolyte Castille. 1 vol. in-18.

Voyage en Bulgarie, par Blanqui. 1 vol.

Lettres sur l'Angleterre (SOUVENIRS DE L'EXPOSITION UNIVERSELLE), par Edmond Texier. 1 vol.

Horace, Juvénale et Perse, œuvres complètes, trad. par Nisard. 1 vol.

Térence, trad. par M. Nisard, 1 vol.

Henri Monnier. Scènes populaires, etc. 2 vol.

Œuvres politiques de Machiavel Traduction revue et corrigée, contenant *le Prince* et *le Discours sur Tite-Live*. 1 vol.

La Raison du christianisme, ou Preuves de la vérité de la religion, par de Genoude. 6 vol. in-18 anglais.

Romans, Contes et Nouvelles, par Arsène Houssaye. 2 vol.

Mémoires, Correspondances et ouvrages inédits de Diderot, publiés sur les manuscrits confiés, en mourant, par l'auteur, à GRIMM. 2 vol.

Voyages de Gulliver, par SWIFT, traduction nouvelle, précédée d'une notice biographique et littéraire par WALTER SCOTT. 1 vol.

Devant les Tisons, par Alphonse Karr. 1 vol. in-12.

3e Série. — *Volumes au lieu de 3 fr. 50 c., net 2 fr. 50.*

Rosa et Gertrude, par *R. Topffer*, précédé de notices sur la vie et les ouvrages de l'auteur, par MM. Sainte-Beuve et de La Rive. 1 vol.

Réflexions et Menus Propos d'un peintre genevois, ou Essai sur le beau dans les Arts, œuvre posthume de *R. Topffer*, précédés d'une notice sur sa vie et ses ouvrages. 2 vol.

Euripide (Tragédies d'). Tome 2e, contenant : *Iphigénie en Aulide*, *Iphigénie en Tauride*, *Les Troyennes*, *les Bacchantes*, *Les Héraclides*, *Rhésus*, *Hélène*, *Ion*, *Hercule furieux*, *Electre*. 1 vol.

Mémoires complets et authentiques du duc de Saint-Simon, sur le siècle de Louis XIV et la Régence, publiés sur le manuscrit original entièrement écrit de la main de l'auteur, ex-pair de France, etc. Nouv. édit., revue et corrigée. 40 vol., dont 2 de tables, avec 38 portraits gravés sur acier.

Souvenirs de la Marquise de Créqui (1718-1803). Nouv. édit., revue, corrigée et augmentée de notes. 10 vol. avec gravures sur acier.

Boccace. CONTES. 1 vol.

Les Historiettes de Tallemant des Réaux. Mémoires pour servir à l'histoire du XVIe siècle, publiés sur le manuscrit autographe de l'auteur. 2e édit., précédée d'une notice sur l'auteur, augmentée de passages inédits, et accompagnée de notes et d'éclaircissements, par M. Monmerqué, membre de l'Académie des inscriptions et belles-lettres. 10 vol. ornés de 10 portraits gravés sur acier.

Histoire de Napoléon, par Elias Regnault, ornée de 8 gravures sur acier, d'après Raffet et de Rudder. 1 vol. contenant la matière de 8 v. in-8.

Histoire de la Marine française, par Eugène Sue, 2e édition, revue par l'auteur. Paris, 1845, 4 vol.

Congrès de Vérone. Guerre d'Espagne, négociations, colonies espagnoles, par Châteaubriand. 2 vol.

Lettres sur le Nord. Danemark, Suède, Norwége, Laponie et Spitzberg, par X. Marmier. 2 vol. avec 2 jolies vignettes.

Sylvio Pellico, Mes Prisons, traduit par le comte de Messey. 1 vol. in-18.

Les Femmes célèbres de l'Ancienne France, par Leroux de Lincy, 1re série, 1 fort vol.

Homme aux trois culottes, 1 vol.

Jolie Fille du Faubourg, 1 vol.

ŒUVRES DE GEORGES SAND, 12 VOL.

Indiana. 1 vol.

Jacques. 1 vol.

Le Secrétaire intime, Léone Léoni. 1 vol.

André, la Marquise, Métella, Lavinia, Mattéa. 1 vol.

Lélia et Spiridion. 2 vol.

La dernière Aldini, les Maîtres Mosaïstes, 1 vol.

Simon, l'Uscoque. 1 vol.

Le Compagnon du Tour de France. 1 vol.

Les Sept cordes de la Lyre, Gabriel. 1 vol.

Mélanges. 1 vol.

Horace. 1 vol.

4e Série. — *Volumes au lieu de 3 fr. 50 c. net 1 fr. 50 c.*

Application de la géographie à l'histoire, ou Etude élémentaire de géographie et d'histoire générale comparées, par Edouard Braconnier, membre de l'Université et de plusieurs Sociétés savantes. Ouvrage classique, précédé d'une Introduction par Bescherelle aîné, de la Bibliothèque du Louvre. 2 beaux vol. grand in-18 anglais.

De l'Instruction publique en France, par E. de Girardin. 1 vol.

Mémorial de Sainte-Hélène, par le comte de Las-Cases; nouvelle édit., revue par l'auteur. 9 volumes, 9 gravures.

Œuvres de Ronsard, avec des notes explicatives du texte et une notice historique, par P.-L. Jacob, bibliophile. 1 vol. avec portrait.

Comédies de S. A. R. la princesse Amélie de Saxe, traduites de l'allemand, par Pitre-Chevalier. 1 vol. avec portrait.

Fables littéraires, par D. Thomas de Iriarte, traduites en vers de l'espagnol, par C. Lemesle, précédées d'une introduction par Émile Deschamps. 1 vol. avec vignette

L'Ane mort et la Femme guillotinée, par Jules Janin 1 vol. avec vign.

Le chevalier de Saint-Georges, par Roger de Beauvoir. 2e édit. 4 vol. avec vignettes.

Fragoletta, Naples et Paris en 1799, par H. de Latouche. Nouv. édit. 2 vol. ornés de deux vignettes.

Une Soirée au Théâtre-Français (24 avril 1841) : le Gladiateur, le Chêne du roi, par Alex. Soumet et madame Gabrielle d'Altenheim. 1 vol.

Le Maçon, mœurs populaires, par Michel Raymond. 2 vol. avec vign.

Fortunio, par Théophile Gautier. 1 vol. orné d'une vignette.

Voyage à Venise, par Arsène Houssaye. 1 vol., imprimé sur papier vélin.

Les Satiriques des dix-huitième et dix-neuvième siècles. Première série, contenant Gilbert, Despaze, M.-J. Chénier, Rivarol. Satires diverses. 1 vol.

De Balzac. Revue parisienne. Nouvelles et profils critiques des auteurs contemporains. 3 vol. réunis en 1 fort vol. in-32. 3 fr. 50 c., net 50 c.

Les Soirées du docteur Justiniani, par M. Gallus. Le Château du Rouller ; le Baron de la Rose de Sainte-Croix ; le Chapelet Rouge, 1 vol.

ŒUVRES DE M. FLOURENS

SECRÉTAIRE PERPÉTUEL DE L'ACADÉMIE DES SCIENCES, MEMBRE DE L'ACADÉMIE FRANÇAISE, ETC.

Il serait inutile d'insister ici sur le mérite des œuvres de M. Flourens. Leur succès et leur débit en disent plus que tous les éloges. Le succès populaire ne leur est pas moins assuré que le succès scientifique.

De la Longévité humaine et de la quantité de vie sur le globe. 3e édition, revue et augmentée. 1 vol. grand in-18 anglais. Prix : 3 fr. 50 c.

Histoire des travaux et des idées de BUFFON. 2e édition, revue et augmentée. 1 vol. grand in-18 anglais. Prix : 3 fr. 50 c.

Cuvier. — Histoire de ses travaux. 2e édition, revue et augmentée. 1 vol. grand in-18. Prix : 3 fr. 50 c.

Fontenelle, ou de la Philosophie moderne relativement aux sciences physiques. 1 vol. grand in-18 anglais. Prix : 2 fr.

De l'Instinct et de l'Intelligence des animaux. 3e édition, entièrement refondue et augmentée. 1 vol. grand in-18 anglais. Prix : 2 fr.

Examen de la Phrénologie. 3e édition, augmentée d'un Essai physiologique sur la folie. 1 vol. grand in-18 anglais. Prix : 2 fr.

BIBLIOTHÈQUE LATINE-FRANÇAISE

PUBLIÉE PAR M. C.-L.-F. PANCKOUCKE

Chaque auteur se vend séparément

AU LIEU DE SEPT FR. LE VOLUME IN-8°, TROIS FR. CINQUANTE C.

Papier des Vosges, non mécanique, caractères neufs.

PREMIÈRE SERIE.

ŒUVRES COMPLÈTES DE CICÉRON

TRADUITES EN FRANÇAIS. 36 VOL. IN-8°

Les *OEuvres complètes de Cicéron*, publiées au prix de 7 fr. le volume, ont été jusqu'ici d'une acquisition difficile. Nous avons pensé en assurer le débit et les rendre accessibles à tous les amateurs de la belle et grande latinité, au moyen d'un rabais considérable sur le prix de l'ouvrage. Les *OEuvres de Cicéron* doivent figurer au premier rang dans la bibliothèque de tout homme lettré; mais beaucoup d'acheteurs reculaient devant une acquisition très-coûteuse. En faciliter l'achat et le rendre désirable par l'attrait du bon marché est donc une combinaison qui ne peut manquer de réussir. — Cette édition est celle de la *Bibliothèque Panckoucke*, dont nous sommes acquéreurs.

ŒUVRES COMPLÈTES DE TACITE

TRADUITES EN FRANÇAIS. 7 VOL. IN-8°

Tacite, signalé par Racine comme *le plus grand peintre de l'antiquité*, est un des auteurs latins qu'on recherche le plus, et dont les œuvres sont d'un débit constant et assuré. Cette édition est fort estimée, soit pour la traduction, soit pour la correction du texte. Le format (bibliothèque Panckoucke) en est commode et maniable.

ŒUVRES COMPLÈTES DE QUINTILIEN

TRADUITES EN FRANÇAIS. 6 VOL. IN-8°

Les *OEuvres de Quintilien* font loi en matière de critique comme en matière d'éducation. Elles s'adressent donc à un grand nombre de lecteurs, et le bon marché, de même que l'excellence de la traduction, doit en faciliter la vente.

Nous appelons spécialement l'attention sur ces trois derniers ouvrages, si indispensables à tous ceux qui s'occupent de latinité, et mis, par leur prix réduit, à la portée d'un grand nombre d'acheteurs. Il n'est point d'avocat qui ne soit désireux, par exemple, d'acquérir les *OEuvres de Cicéron*, jadis si coûteuses, et maintenant réduites à la plus simple expression du bon marché.

César, traduction nouvelle par M. Artaud, inspecteur de l'Académie de Paris, avec une Notice par M. Laya, de l'Académie française. 3 vol.

Salluste, traduction nouvelle par M. Ch. Du Rozoir, ex-professeur d'histoire au collége royal de Louis-le-Grand. 2 vol.

JUSTIN, traduction nouvelle par MM. J. Pierrot, ex-proviseur du collége royal de Louis-le-Grand, et Boitard, avec une Notice par M. Laya. 2 vol.

FLORUS, traduction nouvelle par M. Ragon, professeur d'histoire, avec une Notice par M. Villemain, de l'Académie française. 1 vol.

VELLEIUS PATERCULUS, traduction nouvelle par M. Després. 1 vol.

CORNELIUS NEPOS, traduction nouvelle par MM. de Calonne, ex-professeur au lycée Napoléon, et Pommier. 1 vol.

VALÈRE-MAXIME, traduction nouvelle par M. Frémion, professeur au lycée Charlemagne. 3 vol.

PLINE LE JEUNE, traduction nouvelle de Sacy, revue et corrigée par M. J. Pierrot. 3 vol.

QUINTILIEN, traduction nouvelle par M. Ouizille, chef de bureau au ministère de l'intérieur. 6 vol.

HORACE, traduction nouvelle par MM. Amar, Andrieux, Arnault, Bignan, Charpentier, Chasles, Daru, Féletz, de Guerle, Léon Halévy, Liez, Naudet, Ouizille, C.-L.-F. Panckoucke, Ernest Panckoucke, de Pongerville, Du Rozoir, Alphonse Trognon. 2 vol.

JUVÉNAL, traduction de M. Dusaulx, revue par M. J. Pierrot. 2 vol.

PERSE, TURNUS, SULPICIA, traduction nouvelle par M. A. Pierrot, ex-professeur au collége royal de Saint-Louis. 1 vol.

OVIDE, *Métamorphoses*, par M. Gros, inspecteur de l'Académie. 3 vol.

LUCRÈCE, traduction nouvelle en prose par M. de Pongerville, de l'Académie française avec une Notice et l'Exposition du système d'Épicure, par M. Ajasson de Grandsagne. 2 vol.

CLAUDIEN, traduct. nouv. par MM. Héguin de Guerle et Alphonse Trognon. 2 vol.

VALERIUS FLACCUS, traduit pour la première fois en prose par M. Caussin de Perceval, membre de l'Institut. 1 vol.

STACE, traduction nouvelle :

Tome 1. *Silves*, par MM. Rinn, professeur au collége Rollin, et Achaintre.

Tomes 2, 3, 4. *La Thébaïde*, par MM. Achaintre et Boutteville, professeurs. — *L'Achilléide*, par M. Boutteville.

SILIUS ITALICUS, traduction nouvelle par MM. Corpet, Dubois et Greslou. 3 vol.

PHÈDRE, traduction nouvelle par M. E. Panckoucke. — Avec un *Fac-simile* du manuscrit découvert à Reims, par le P. Sirmond, en 1608. 1 vol.

SECONDE SÉRIE.

Les auteurs désignés par un * sont traduits pour la première fois en français.

POETÆ MINORES : Arborius*, Calpurnius, Eucheria*, Gratius Faliscus, Lupercus Servastus*, Nemesianus, Pentadius*, Sabinus*, Valerius Cato*, Vestritius Spurinna* et le *Pervigilium Veneris*; traduction de M Cabaret-Dupaty, professeur au lycée de Grenoble. 1 vol.

JORNANDÈS, traduct. de M. Savagnier, professeur d'histoire en l'Université. 1 vol.

CENSORINUS*, traduction de M. Mangeart, ancien professeur de philosophie; — JULIUS OBSEQUENS, LUCIUS AMPELLIUS*, traduction de M. Verger, de la Bibliothèque impériale. 1 vol.

AUSONE, traduction de M. E.-F. Corpet. 2 vol.

POMPONIUS MELA, VIBIUS SEQUESTER*, ETHICUS ISTER*, P. VICTOR*, traduction de M. Louis Baudet, professeur. 1 vol.

R. FESTUS AVIENUS*, CL. RUTILIUS NUMATIANUS, etc., traduction de MM. Eug. Despois et Ed. Saviot, anciens élèves de l'Ecole normale. 1 vol.

VARRON, *Economie rurale*, traduction de M. Rousselot, professeur. 1 vol.

EUTROPE, MESSALA CORVINUS*, SEXTUS RUFUS, traduction de M. N.-A. Dubois, professeur. 1 vol.

PALLADIUS, *Economie rurale*, traduct. de M. Cabaret-Dupaty, professeur. 1 vol.

HISTOIRE AUGUSTE 3 vol. — Tome Ier : SPARTIANUS, VULCATIUS GALLICANUS, TREBELLIUS POLLION, traduct. de M. Fl. Legay, professeur au collége Rollin.

— Tome II : LAMPRIDIUS, traduction de M. Laass d'Aguen, membre de la Société asiatique ; — FLAVIUS VOPISCUS, traduction de M. Taillefert, proviseur du lycée de Vendôme, et Jules Chenu.

— Tome III : JULIUS CAPITOLINUS, traduction de M. Valton, professeur au lycée de Charlemagne.

COLUMELLE, *Economie rurale*, traduction de M. Louis Dubois, auteur de plusieurs ouvrages d'agriculture, de littérature et d'histoire. 3 vol.

C. LUCILIUS, traduction de M. E.-F. Corpet ; — LUCILIUS JUNIOR, SALEIUS BASSUS, CORNELIUS SEVERUS, AVIANUS*, DIONYSIUS CATON, traduction de M. Jules Chenu. 1 vol.

PRISCIANUS*, traduction de M. Corpet ; — SERENUS SAMMONICUS*, MACER*, MARCELLUS*, traduction de M. Baudet. 1 vol.

MACROBE. 3 vol. — Tome Ier (*Les Saturnales*, tome Ier), traduction de M. Ubicini Martelli ; — tome II (*Les Saturnales*, tome II), trad. de M. Henri Descamps ; — tome III et dernier (*De la différence des verbes grecs et latins ; Commentaire du Songe de Scipion*), trad. de MM. Laass d'Aguen et N.-A. Dubois.

SEXTUS POMPEIUS FESTUS*, traduction de M. Savagner. 2 vol.

AULU-GELLE. 3 vol. — Tome Ier, traduction de M. E. de Chaumont, professeur au lycée d'Angoulême ; — tome II, traduction de M. Félix Flambart, professeur au lycée d'Angoulême ; — tome III, traduction de M. Buisson, docteur en droit, avoué au tribunal de Meaux.

C.-J. SOLIN*, traduction de M. Alph. Agnant, ancien élève de l'Ecole normale, agrégé des classes supérieures. 1 vol.

VITRUVE, *Architecture*, avec de nombreuses figures pour l'intelligence du texte ; traduction de M. Ch.-L. Maufras, professeur au collége Rollin. 2 vol.

FRONTIN, *Les Stratagêmes* et *les Aqueducs de Rome*, traduction de M. Ch. Bailly principal du collége de Vesoul. 1 vol.

SULPICE SÉVÈRE. 2 vol. Traduction de M. Herbert. — PAULIN DE PÉRIGUEUX*, FORTUNAT*, traduction de M. E.-F. Corpet. (Ne se vend pas séparément.)

SEXTUS AURELIUS VICTOR, traduction de M. N.-A. Dubois, professeur. 1 vol.

N. B. Il existe encore dans nos magasins trois ou quatre collections complètes de la Bibliothèque latine, composée de 211 volumes, au prix de 1055 fr.

LES CLASSIQUES LATINS

(FRANÇAIS ET LATIN.)

Format in-24 sur jésus (ancien in-12) ; publiés sous la direction de M. Lefèvre. — Prix de chaque volume, 3 fr. 50 c., net 2 fr. 50 c.

OEuvres complètes de Virgile. Trad. par Pongerville. 2e édit., 2 vol.

Juvénal et Perse. Les satires de Juvénal, traduction de Dussaulx, revue et corrigée. Les Satires de Perse, traduction nouvelle par M. Collet. 1 vol.

Catulle, Tibulle et Properce. Les élégies de Catulle, traduction nouvelle. — Les élégies de Tibulle, traduction de Mirabeau, revue et corrigée. — Les Elégies de Properce, traduction de Delonchamps, revue et corrigée. 1 vol.

Lucrèce. Traduction de Pongerville, de l'Académie Française. 1 vol.

Térence. Ses comédies, traduction nouvelle avec des notes, par M. Collet. 1 vol. de plus de 600 pages.

Plaute. Son théâtre, traduction de M. Naudet, de l'Académie des inscriptions et belles-lettres. 4 vol.

Tacite. Traduction de Dureau de la Malle, revue et corrigée, augmentée de la Vie de Tacite, du discours préliminaire de Dureau de la Malle, des Suppléments de Brottier. 3 vol.

Pline l'Ancien. L'Histoire des Animaux, traduction de Guéroult, augmentée de sommaires et de notes nouvelles. 1 vol. de près de 700 pages.

Morceaux extraits de Pline le naturaliste, traduction de Guéroult, augmentée de sommaires et de notes nouvelles. 1 vol.

Q. HORATII FLACCI.

Opera omnia ex recensione Joannis Gasparis Orelli. 1 vol. in-24, édition Lefèvre, 1851, 4 fr., net 3 fr.

Édition remarquable par l'exécution typographique et la correction du texte.

NOUVELLE

COLLECTION DES CLASSIQUES FRANÇAIS

DIRIGÉE PAR M. AIMÉ-MARTIN.

17 vol. in-24 jésus (ancien in-12), 2 fr. 50 cent. le vol.

Montaigne. Ses Essais et ses Lettres; avec 1° la traduction des citations grecques, latines, italiennes, par M. Victor Leclerc, de l'Institut de France, etc., etc., 2° les notes ou remarques de tous les commentateurs : Coste, Naigeon, A. Duval, MM. E. Johanneau, Victor Leclerc; 3° une table analytique des matières. 5e édition. 3 vol.

P. Corneille. Chefs d'œuvre, sans les notes. 1 vol.

Pascal. Pensées, suivies d'une table analytique. 1 vol.

Bossuet. Oraisons funèbres, Panégyriques et Sermons, 4 vol.

Fénelon. Télémaque, avec des notes géographiques et littéraires, et les passages grecs et latins imités par Fénelon. 1 vol. —Œuvres diverses : de l'Existence de Dieu, Lettres sur la Religion, Dialogues sur l'éloquence, Sermons, Lettres à l'Académie. De l'Éducation des Filles. 1 vol.

Bourdaloue. Chefs-d'œuvre oratoires. 1 vol.

Fleury. Discours sur l'histoire ecclésiastique, Mœurs des Israélites, Mœurs des Chrétiens, Traité des études, etc. 2 vol.

Œuvres de Jacques Delille, avec des notes de Delille, Choiseul-Gouffier, Feletz, Aimé-Martin, 2 vol.

Essai sur l'éloquence de la chaire, par le cardinal Maury. 1 vol.

ÉDITIONS DE BURE

ŒUVRES COMPLÈTES DE MOLIÈRE.

Un seul vol. grand in-8, imprimé à deux colonnes; avec un beau portrait. 20 fr., net 10 fr.

Le même ouvrage, édition de 1825 (sans faute), avec toutes les variantes et gravures. 25 fr., net 15 fr.

ŒUVRES COMPLÈTES DE MONTESQUIEU.

Un seul vol. grand in-8 à deux colonnes, avec un beau portrait. 20 fr., net 10 fr.

ESSAIS DE MONTAIGNE.

Un seul vol. grand in-8 à deux colonnes, avec son éloge par M. Villemain, orné de son portrait. 20 fr., net 10 fr.

ŒUVRES POÉTIQUES DE VOLTAIRE,

Contenant ses chefs-d'œuvre dramatiques : la *Henriade* et ses poésies, 1 vol. grand in-8 à deux colonnes, imprimé par F. Didot. (Il en reste quelques exemplaires seulement.) 20 fr., net 12 fr.

CLASSIQUES FRANÇAIS.

FORMAT GRAND IN-32, IMPRIMÉS PAR MM. F. DIDOT.

La collection des classiques français de De Bure se recommande, on le sait, par l'excellente révision des textes autant que par l'élégance de la typographie. Elle est digne, à tous égards, de la réputation si justement acquise par ce savant et consciencieux éditeur. Le prix auquel nous la réduisons ne peut manquer de la faire rechercher de préférence aux autres éditions du même format.

PREMIÈRE SÉRIE, à 1 fr. 50 c. le volume, net 75 c.

Esprit des Lois de Montesquieu. 6 vol.
Œuvres diverses de Montesquieu. 2 vol.
Œuvres choisies de Regnard. 4 vol.
Œuvres de Ducis. 7 vol.
Œuvres choisies de Destouches. 3 vol.
Œuvres choisies de Saint-Réal. 2 vol.
La Nouvelle Héloïse. 6 vol.
Épîtres, Stances et Odes de Voltaire. 2 vol.
Poésies et Discours en vers de Voltaire. 1 vol.
Temple du Goût et Poésies mêlées, idem. 1 vol.
Contes en vers et Satires, idem. 1 vol.

DEUXIÈME SÉRIE, à 1 fr. 50 c. le volume, net 1 fr.

Contes d'Hamilton. 2 vol.
Mémoires de Grammont. 2 vol.
Discours sur l'Histoire universelle, par Bossuet. 3 vol.
Oraisons funèbres de Fléchier, etc. 1 vol.
Les Saisons, de Saint-Lambert. 1 vol.
Œuvres choisies de J.-B. Rousseau. 2 vol.
Théâtre choisi de Voltaire. 6 vol.
Histoire de Charles XII. 2 vol.
Gil Blas de Santillane, par Lesage. 4 vol.
Œuvres choisies de Gresset. 3 vol.
Œuvres de Th. Corneille. 1 vol.
Lettres persanes de Montesquieu. 2 vol.

TROISIÈME SÉRIE,

Composée des ouvrages dont il ne reste que peu d'exemplaires.
A 1 fr. 50 c. le volume.

Caractères de La Bruyère, suivis de ceux de Théophraste. 3 vol.

Œuvres complètes de Molière. 8 vol.

Louis Racine, la Religion, etc. 1 vol.

Poésies de Malherbe. 1 vol.

Les Oraisons funèbres de Bossuet. 1 vol.

LA HENRIADE DE VOLTAIRE,

Édition collationnée sur les textes originaux, avec notes et variantes. 1 vol. grand in-18, imprimé par M. Didot sur papier grand raisin vélin, et illustré de 11 gravures. 3 fr. 50 c., net 2 fr. 50 c.

ŒUVRES COMPLÈTES DE LA FONTAINE.

6 vol. in-8, imprimés par M. J. Didot, sur papier des Vosges, ornés de 26 fig. et d'un portrait. 25 fr., net 20 fr.

ŒUVRES COMPLÈTES DE LA FONTAINE.

6 vol. in-8, imprimés par M. Didot aîné, sur papier d'Annonay, avec figures. 24 fr.

FABLES DE LA FONTAINE,

Avec les notes de M. Walckenaer. 2 vol. in-8, cavalier vélin, avec 12 gravures d'après Moreau, 10 fr. net 7 fr. 50 c.

FABLES DE LA FONTAINE.

2 vol. in-8, sur papier carré des Vosges.
Avec gravures. 7 fr. 50 c., net 6 fr. 50 c.

FABLES DE LA FONTAINE.

1 volume in-8.
Avec gravures. 6 fr., net 4 fr.

TRAITÉ DE LA TYPOGRAPHIE.

Par Henri Fournier. 2e édition corrigée et augmentée. 1 vol. in-18. 3 fr.

ATLAS. — CARTES.

Atlas de géographie ancienne et moderne, à l'usage des colléges et de toutes les maisons d'éducation, dressé par MM. Monin et Vuillemin; recueil grand in-4, composé de 46 cartes parfaitement gravées. Cet atlas comprend, outre les cartes ordinaires : *la Cosmographie*, *la France en* 1789, *l'Empire français*, *la France actuelle*, *l'Algérie*, *l'Afrique orientale, occidentale et méridionale*, et toutes les cartes de la *Géographie ancienne*. C'est, par conséquent, le plus *complet* et le plus exact de tous les Atlas *classiques* et le mieux adapté aux études suivies de nos jours dans l'enseignement universitaire. Prix : 12 fr.

Atlas classique de géographie moderne (extrait du précédent), à l'usage des jeunes élèves des deux sexes; composé de 20 cartes. Prix : 7 fr. 50 c. cart.

Atlas de géographie élémentaire *destiné aux Commençants* (extrait du précédent), composé de 8 cartes doubles : la mappemonde, les cinq parties du monde et la France. Prix, cartonné : 4 fr.

Nouvelle Carte de la Crimée, pour suivre les opérations militaires des armées alliées, avec l'Itinéraire de Paris en Crimée par mer et par terre; nouvelle édition, augmentée d'une *carte des ports commerciaux de la Russie méridionale sur la mer Noire*, Odessa, etc., et d'une CARTE DU LITTORAL DE LA MER D'AZOF; dressée d'après les documents les plus récents, par A. Vuillemin, géographe. Une feuille grand colombier. — Prix : 3 fr.

Carte de la Crimée, dressée par D. Ramée. Une feuille demi-colombier. Prix : 1 fr.

Cartes du théâtre de la guerre, dressées par P. Lapie, gravées et mises en harmonie avec tous les changements survenus jusqu'à ce jour par Tardieu : 1° la mer Noire, comprenant les provinces danubiennes, la Transylvanie, la Circassie, tout le littoral de la mer Noire : Varna, Kustendche, etc., etc., 1 feuille grand colombier coloriée avec le plus grand soin ; — 2° la mer Baltique, comprenant le golfe de Finlande, Kronstadt, Revel, St-Pétersbourg, etc., etc., 1 feuille grand colombier coloriée avec soin. Ces deux Cartes présentent, dans leur ensemble, tous les points intéressants où se sont passés et où peuvent se passer les événements. — Prix : 2 fr. chacune.

Plan de Kronstadt, colorié, avec ses fortifications, ses forts et la portée de ses canons, dressé d'après les documents anglais et russes les plus récents. 1 feuille demi-colombier, pliée et renfermée dans un portefeuille cartonné. — Prix : 1 fr.

Plan de Sévastopol, colorié, avec ses fortifications, ses forts et la portée de ses canons, dressé d'après les documents anglais et russes les plus récents. 1 feuille demi-colombier, pliée et renfermée dans un portefeuille cartonné. — Prix : 1 fr.

Théâtre complet de la guerre, 1 feuille grand monde (double colombier), coloriée avec soin ; illustrée de 4 portraits et de 2 pavillons, dessinés par M. Collette. — Prix : 3 fr.

La même Carte, réduite de moitié, ornée également de 4 portraits et de 2 pavillons. 1 feuille grand colombier, prix : 1 fr. 50 c.

NOUVELLES CARTES ROUTIÈRES

Dressées sur les derniers documents, avec l'indication de tous les chemins de fer actuellement existants (1856), par Berthe.

Europe, en une feuille grand monde, revue par Klaproth. 3 fr.

Europe routière, donnant les distances aux villes capitales des principaux États de l'Europe. Une feuille colombier. 2 fr.

France en 86 départements. Une feuille colombier. 2 fr.

France routière et administrative, réduite d'après Cassini et celle des ponts et chaussées. Une feuille grand monde. 3 fr.

Royaumes d'Espagne et de Portugal. Une feuille colombier. 2 fr.

Empire d'Autriche. Une feuille colombier. 2 fr.

Turquie d'Europe et d'Asie. Une feuille colombier. 2 fr.

Royaumes de Hollande et de Belgique. Une feuille colombier. 2 fr.

Italie et ses divers États, en une feuille. Une feuille colombier. 2 fr.

Confédération suisse, en vingt-deux cantons. Une feuille colombier. 2 fr.

Russie d'Europe. Une feuille colombier. 2 fr.

Grèce actuelle et Morée. Une feuille colombier. 2 fr.

Royaumes-Unis d'Angleterre. Une feuille colombier. 2 fr.

Royaume de Prusse. Une feuille colombier. 2 fr.

Royaume de Sardaigne. Une feuille colombier. 2 fr.

Suède et Norwége. Une feuille colombier. 2 fr.

Amérique méridionale. Une feuille colombier. 2 fr.

Amérique septentrionale, ornée d'un plan d'Haïti. Une feuille colombier. 2 fr.

Asie, d'après Klaproth. Une feuille colombier. 2 fr.

Afrique et plan de l'île Bourbon. Une feuille colomb., 2 fr.

Océanie et Polynésie. Une feuille colombier. 2 fr.

Égypte et Palestine. Une feuille colombier. 2 fr.

Amérique méridionale et septentrionale. Une feuille colombier. 2 fr.

Atlas historique, chronologique, généalogique et géographique, de A. Lesage (comte de Las-Cases). 1 vol. in-folio. demi-rel., dos de maroquin.

En 33 tabl.	1 tableau à 2 fr.	2 fr.	»	56 fr.	»
	32 tableaux à 1 fr. 50 c.	48	»		
	Reliure.	6	»		
En 37 tabl.	Composé des précédents, rel. compr.	56	»	70 fr.	
	Et de 4 tabl. supplém. à 3 fr. 50. c.	14	»		
En 42 tabl.	Composé des précédents, rel. compr.	70	»	77	50
	Et de 5 cartes nouv. à 1 fr. 50 c.	7	50		

Tous les tableaux se vendent séparément.

OUVRAGES DE M. OLLENDORF.

Méthode pour apprendre l'allemand. 9e édition. 2 vol. in-8. 10 fr.

Clef de la Méthode allemande Ollendorf. 6e édition. 1 vol. in-8° 3 fr.

Introduction à la Méthode allemande Ollendorf. 9e édition. Brochure in-8. 2 fr.

Méthode pour apprendre l'anglais. 2e édition. 1 vol. in-8. 10 fr.

Clef de la Méthode anglaise. 1 vol. in-8. 3 fr.

Nouvelle Méthode à l'usage des Allemands pour apprendre le français. 1 vol. in-8. 6 fr.

Méthode pour apprendre l'italien. 2 vol. in-8, divisés en 5 parties; la 1re est en vente. 2 fr.

L'Instructeur-Jardinier, journal général d'horticulture pratique, exposant avec détail toutes les opérations manuelles et théoriques de la culture des jardins, fondé par M. Victor Paquet, 4 vol. in-8, 24 fr. net 12 fr.

La Cabane de l'Oncle Tom. Cet ouvrage, dû à la plume de madame Henriette Stowe, est un des écrits de notre époque qui a obtenu le plus de succès. La version que nous offrons au public est la plus exacte et la plus complète. 1 fort vol. in-12, Prix : 2 fr. 50 c.

Le capitaine Firmin, *ou la vie des nègres en Afrique*, par A. Michiels. 1 vol. in-12, 2 fr. 50 c.

Une Journée d'Agrippa d'Aubigné, drame en 5 actes, en vers, par Edouard Foussier; 1 vol. in-18 ; 1 fr. 50 c.

OUVRAGES COMPLETS, AU RABAIS.

BIBLIOTHÈQUE CAZIN, 1 FR., — NET 75 C. LE VOLUME.

Cazotte. Œuvres choisies. 1 vol.
De Lavergne (A.). La Duchesse de Mazarin. 2 vol.
Didier (Ch.) Rome souterraine. 2 vol.
Galland. Les Mille et Une Nuits. 6 vol.
Godwin (W.). Caleb Williams, traduit de l'anglais. 3 vol.
Eugène Sue. Paula Monti. 2 vol.
— Deleytar Arabian Godolphin, Kardiki, 1 vol.
— La Vigie de Koat-Ven. 3 vol.
— Thérèse Dunoyer, 2 vol.
— Jean Cavalier, 4 vol.
— La Coucaratcha. 2 vol.
— Le Commandeur de Malte. 2 vol.
— Comédies sociales. 1 vol.
— Deux Histoires. 2 vol.
— Latréaumont 2 vol.
— Plick et Plock. 1 vol.
Sandeau (J.). Fernand. 1 vol.
— Madame de Sommerville. 1 vol.
Soulié (Fr.). Les Mémoires du Diable. 5 vol.
Sue (Eug.). Les Mystères de Paris. 10 vol.
— Mathilde. 6 vol.
— Arthur. 4 vol.
— La Salamandre. 2 vol.
— Le Juif Errant. 10 vol.
Grammont. Mémoires. 1 vol.
Jacob (P.-L.). (Bibliophile). Soirées de Walter Scott à Paris, Scènes historiques et chroniques de France, le bon vieux Temps. 4 vol.
Tressan (comte de). Histoire du Petit Jehan de Saintré. 1 vol.
— Roland furieux, traduit de l'Ariost. 4 vol.
Benjamin-Constant. Adolphe, suivi de la tragédie de *Walstein*. 1 vol.
Karr (Alph.). Sous les tilleuls. 2 vol.
Contes de Boccace. 4 vol.,

Jérôme Paturot à la recherche d'une position sociale, par Louis Reybaud, 2 vol., net 2 fr.

BIBLIOTHÈQUE D'UN DÉSŒUVRÉ,

Série d'ouvrages in-32, format elzévirien.

Prix de la reliure toile, tranche dorée : 1 franc par volume.

Œuvres complètes de Béranger, avec ses 10 dernières chansons, 1 vol. in-32, 3 fr. 50 c.

Chants républicains et nationaux de la France, 1789 à 1848, 1 vol. 3 fr.

Chansons nationales et populaires de France, édition elzévirienne, précédées, d'une Histoire de la Chanson française, et accompagnées de l'Histoire des théâtres chantants (Opéra, Opéra-Comique, Vaudeville), et enfin d'une foule de notices historiques et littéraires, par Dumersan. 1 joli volume in-32, illustré de seize principaux portraits des chansonniers les plus populaires. — Prix : 3 fr. 50 c.

La Goguette ancienne et moderne, choix de chansons guerrières, bachiques, philosophiques, joyeuses et populaires. Joli vol. orné de portraits et vignettes. 3 fr.

Les Poëtes de l'Amour, recueil de vers des XVe, XVIe, XVII, XVIIIe et XIXe siècles. Joli volume orné de portraits et vignettes, contenant une introduction sur l'Amour et la Poésie amoureuse, par M. Julien Lemer, et près de 300 pièces de vers, 3 fr.

Lettres d'Amour, avec portraits et vignettes, 1 vol. 3 fr.

Drôleries poétiques, avec portraits et vignettes, 1 vol. 3 fr.

Académie des Jeux, contenant l'historique, la marche, les règles, conventions et maximes des jeux. 1 vol. illustré, 3 fr.

Le moral, comme le physique de l'homme, est sujet à certaines maladies qui finissent par devenir fatales, si on ne s'empresse d'y porter remède; mais les topiques diffèrent comme les caractères et les tempéraments de ceux auxquels il faut les appliquer. A celui-ci, convient une lecture frivole; à celui-là, il faut une lecture plus sérieuse. Nous avons donc jugé convenable de réunir une série de petits ouvrages de différents genres. Notre but est de charmer l'imagination sans la préoccuper, de distraire l'esprit sans le fatiguer.

CHANSONS ET POÉSIES

DE PIERRE DUPONT

NOUVELLE ÉDITION, AUGMENTÉE DE 43 CHANTS NOUVEAUX

Un volume in-18. — Prix : 2 fr.

ŒUVRES DE P.-J. PROUDHON.

FORMAT GRAND IN-18 ANGLAIS.

De la Célébration du dimanche. 1 vol. 75 c.

Qu'est-ce que la propriété? (1er Mémoire). 2 fr. 50 c.

Qu'est-ce que la propriété? (2e Mémoire). Lettres à M. Blanqui sur la Propriété. 1 fr. 50 c.

Avertissement aux propriétaires, ou Lettres à M. Considérant sur une défense de la Propriété. 1 fr.

De la Création de l'Ordre dans l'Humanité, 2e édition, avec des notes de l'auteur. 1 fort vol. 4 fr.

Système des contradictions économiques, ou Philosophie de la misère, 2e édition. 2 vol. 7 fr.

Solution du Problème social. 2 livraisons sont en vente à 50 c.

Organisation du Crédit et de la Circulation, et Solution du problème social. 50 c.

Rapport du citoyen Thiers, précédé de la Proposition du citoyen Proudhon relative à l'impôt sur le revenu, suivi du Discours prononcé à l'Assemblée nationale le 31 juillet 1848. 1 vol. in-12. 75 c.

Idées révolutionnaires (les Malthusiens, la Réaction, Programme révolutionnaire, Question étrangère, la Présidence, Argument à la Montagne, le Terme, Toast à la Révolution, etc., etc.). 1 vol. 2 fr. 50 c.

Le Droit au travail et le droit de propriété. In-12. 50 c.

Résumé de la Question sociale. Banque d'échange, avec une préface et des notes par Alfred Darimon, ancien rédacteur en chef du *Peuple*, 1 vol. in-18. 1 fr. 25 c.

Banque du peuple, suivie du Rapport de la Commission des Délégués du Luxembourg. 1 vol. 50 c.

Intérêt et principal, discussion entre MM. *Proudhon* et *Bastiat*, sur l'intérêt des capitaux. 1 vol. 1 fr. 50 c.

Les confessions d'un révolutionnaire, pour servir à la Révolution de Février. 3e édition, revue, corrigée et augmentée par l'auteur. 1 vol. 2 fr. 50 c.

Idée générale de la révolution au XIXe siècle, choix d'études sur la pratique révolutionnaire et industrielle. 1 vol. 3 fr.

La révolution sociale démontrée par le coup d'État du 2 décembre. 1 vol. 2 fr. 50 c.

Manuel du spéculateur à la Bourse. 2e éd. 1 vol. 3 fr. 50 c.

Des réformes à opérer dans l'exploitation des Chemins de fer, et des conséquences qui peuvent en résulter, soit pour la réduction des dépenses et l'augmentation du revenu des Compagnies, soit pour l'abaissement général des prix de transport. 1 vol. grand in-18. Prix : 3 fr. 50 c.

De la Ploutocratie, ou du Gouvernement des riches, par Pierre Leroux. 1 vol. grand in-18. 1 fr. 50 c.

Amschaspands et Darvands, par Lamennais. 3e édit. 1 vol. in-8°. 6 fr., net 3 fr.

Paroles d'un Croyant, une Voix de Prison, le Livre du peuple, par Lamennais. 1 vol. in-32, net 1 fr. 50 c.

Pages d'histoire de la révolution de février 1848, par Louis Blanc. 1 vol. in-8°, 6 fr., net 2 fr. 50 c.

Organisation du travail, par Louis Blanc. 1 vol. in-12. 2 fr., net 1 fr. 50 c.

Portraits biographiques et critiques des hommes de la guerre d'Orient, par Alfred Des Essarts. 1 vol. grand in-18 anglais. Prix : 2 fr. 25 c.

Profils critiques et biographiques des sénateurs, des conseillers d'État et députés. Avec la constitution, les décrets organiques des travaux des Chambres, du Conseil d'État, des élections pour le corps législatif, suivis d'annexes contenant un article sur la famille Bonaparte ; 1 vol. grand in-18. 2 fr.

Profils critiques et biographiques des 750 représentants du peuple, par trois publicistes ; 3e édition, augmentée de la Biographie de tous les représentants élus jusqu'à juillet 1850.

Joli volume composé de près de 400 pages, contenant une notice détaillée sur chacun des membres de l'Assemblée nationale. — Prix : 2 fr.

LE MÊME OUVRAGE. — **Des 900 représentants du peuple** (CONSTITUANTE), par un vétéran de la presse. 1 vol. grand in-32. 2 fr.

Loisirs d'un républicain malgré lui, par M. Antoine Aubin. 1 vol. in-8°, 5 fr., net 1 fr.

Système social ou Responsabilité de l'homme, par A. Barbet. 1 vol. in-8°. 7 fr., net 1 fr. 50 c.

Dictionnaire grammatical, critique et philosophique, par Vanier, 1 vol. in-8° de 750 pages. 8 fr., net 2 fr.

Danaé, par Granier de Cassagnac, 1 v. in-8°. 7 fr. 50 c., net 2 fr.

Sans cravate, par PAUL DE KOCK, 8 vol. in-12. 12 fr., net 6 fr.

Histoire politique et sociale des principautés danubiennes, 1855. Par M. Élias Regnault. 1 fort vol. in-8. 6 fr.

Histoire des classes ouvrières et des classes bourgeoises. Par M. Granier de Cassagnac. 1 fort vol. in-8. 7 fr. 50 c.

Lettres sur l'Islande. Par M. X. Marmier. 1 vol. in-8. 7 fr., net 5 fr.

Études sur le Schleswig-Holstein avant et après le 24 mars 1848. Par M. Eugène de Lasiauve. 1 vol. in-8. 7 fr., net 3 fr.

Discours prononcé au Collége de France à l'ouverture du cours de poésie latine, par M. Sainte-Beuve de l'Académie française. 1 vol. grand in-18. Prix : 75 c.

Maximes et Réflexions Morales du duc de La Rochefoucauld, traduites en grec moderne, par Wladimir Brunet, avec une traduction anglaise en regard. 1 vol. in-8°. 8 fr., net 2 fr.

Napoléon et la conquête du monde. 1812 à 1832. Histoire de la Monarchie universelle. 1 vol. in-8°. 7 fr. 50 c., net 2 fr. 50 c.

Le Congrès de Vérone, guerre d'Espagne, négociations, colonies agricoles, par CHATEAUBRIAND. 2 vol. in-8°. 15 fr., net 12 fr.

Vie de Rancé, par le même. 1 vol. in-8°. 6 fr.

Manuel théorique et pratique de la tenue des livres, en partie double, d'après le système du *Journal-grand-livre*, par Ravier, arbitre de commerce. 1 vol. in-8°. 5 fr.

Deplanque. *La Tenue des Livres* en partie simple et en partie double mise à la portée de toutes les intelligences, pour être apprise sans maître. 1 gros vol. in-8, 7 fr. 50 c.

Dictionnaire administratif et historique des rues de Paris et de ses monuments, par Félix et Louis Lazare. 4e édition. 1 vol. grand in-8. 22 fr., net 10 fr.

Voyage dans la Belgique, la Hollande et l'Italie, par André Thouin, de l'Institut de France ; rédigé sur le journal autographe de ce savant professeur par le baron Trouvé, ancien préfet de l'Aude et ancien ambassadeur en Italie. 2 vol. in-8. — Prix : 15 fr., net, 5 fr.

Deux années d'histoire d'Orient (1839-1840), par E. de Cadalvene et Barrault, 2 vol. in-8°. 15 fr., net 5 fr.

Histoire des Généraux et chefs vendéens, par J. Crétineau-Joly. 1 vol. in-8°. 7 fr. 50 c., net 3 fr. 50 c.

Études historiques sur la vie politique et littéraire de M. Thiers, par Alexandre Laya. 2 vol. in-8°. 10 fr.. net 6 fr. (Edit. conforme au *Consulat* et à la dernière édition de *la Révolution*.)

Les Nouvelles de Miguel de Cervantès Saavedra, traduites et annotées par Louis Viardot. 2 vol. in-8. 8 fr., net 5 fr.

L'Église de France depuis la convocation des États Généraux (6 mai 1789) jusqu'à la guerre du Directoire (9 novembre 1799), par A. J. Delbos, prêtre du diocèse d'Agen. 2 vol. Prix : 6 fr.

Souvenir des voyages de Mgr le duc de Bordeaux en Allemagne et dans les États d'Autriche, par le comte Locmaria. 2e éd. 2 vol. in-8°, 10 fr., net. 5 fr.

Théorie de l'art du comédien, ou Manuel théâtral, par Aristippe. 1 très-grand vol. in-8°. Net 4 fr. 50 c.

Traité de Statistique, Théorie de l'étude des lois d'après lesquelles se développent les faits sociaux; suivi d'un essai de statistique physique et morale de la population française; par M. A. Dufau. 1 vol. in-8° (1840). 7 fr. 50 c. Ouvrage couronné par l'Académie française.

La Fête des Vignerons, célébrée à Vevey les 8 et 9 août 1833, avec le tableau de la procession de la fête. Rouleau de 30 pieds de long. En noir : 2 fr.

Résumé de l'Histoire de France, par Félix Bodin; 12e édition; classique. 1 vol. in-18 : 1 fr.

Journal d'un Voyage au Levant, par l'auteur du *Mariage au point de vue chrétien*. 3 vol. in-8, 15 fr.

Vie de Mgr le duc de Normandie, fils de Louis XVI et de Marie-Antoinette, roi et reine de France. 1 vol. in-8. 7 fr., net 3 fr.

Journal écrit à bord de la frégate la Belle-Poule, par M. le baron Emmanuel de Las-Cases. 1 vol. grand in-8. 7 fr. 50 c., net 3 fr.

Esquisses historiques des différents corps qui composent l'Armée française, par Joachim Ambert, officier de dragons, ornées de figures lithographiées. 1 vol. grand in-folio. 50 fr. net 30 fr.

Le Billard, traité théorique et pratique de ce jeu, 1 vol. grand in-18 orné d'un Tableau. Prix : 2 fr.

Nouveau Traité du Jeu de la Bouillotte, par M. B***. 1 vol. in-12, 1 fr. 25 c.

Guide des Français à Londres, précédé de l'Itinéraire de tous les chemins de fer, bateaux à vapeur, et de tous les renseignements nécessaires aux voyageurs. Illustré des principales vues de Londres et d'un beau plan de cette capitale, par Larcher. 1 fr. 50 c.

Nouveau plan de Londres, illustré, colorié, imprimé sur colombier, plié dans un carton. 1 fr.

Grammaire celto-bretonne, par Legonidec. Nouvelle édition, revue, corrigée et augmentée, avec une notice sur la vie et les travaux de l'auteur, par Brizeux. 1 vol. in-8°, 8 fr.

Chimie agricole, par Lhéritier et Roussel, 1 vol. in-12. 3 fr. 50 c.

Histoire de Catherine II, Impératrice de Russie, par Castera, 4 vol. in-12. 12 fr.

Méditations métaphysiques, et correspondance de N. Malebranche, prêtre de l'Oratoire, publiées pour la première fois sur les manuscrits originaux, par M. Feuillet de Conches. 1 vol in-8°, avec un facsimile, 4 fr., net 2 fr. 50 c.

Abécédaire nouveau, fondé sur le mécanisme du langage, approuvé par le Conseil royal de l'Instruction publique, par Vernhes aîné, modifié par J. M. Bosc, ancien professeur au Collége de Bourbon-Vendée. 1 vol. in-8°. 75 c.

Table qui danse et Table qui répond. Expériences à la portée de tout le monde. 1 vol. grand in-18. 50 c.

Profils révolutionnaires, par *un crayon rouge;* publiés par V. Bouton. 1 vol. in-4 de près de 200 pages. 6 fr., net 3 fr.

Art de faire son testament. 1 vol. in-32. — 1 fr.

Le Cuisinier impérial, par Viart, Fouret et Delan, 20e édition, augmentée de 200 articles nouveaux, par Bernardi. 1 fort vol. in-8° de 700 pages avec gravures. Cart. ou broché 5 fr.

Le Trésor de la Cuisinière et de la Maîtresse de maison. 1 vol. in-12. 2 fr., net 1 fr. 25 c.

CLASSIQUES DE LA TABLE.

Physiologie du goût, par Brillat-Savarin. — **La Gastronomie,** par Berchoux. — **Calendrier gastronomique.** — **Art de dîner en ville.** — **Chansons bachiques.** 1 vol. in-8. Prix : 7 fr. 50 c., net 6 fr.

Dr Paul Gaubert. — Hygiène de la digestion, suivie d'un nouveau Dictionnaire des aliments, par le docteur Gaubert, médecin du ministère de l'intérieur. — Règles de la digestion pour les climats, les saisons, la puberté et l'âge critique chez la femme; pour les vieillards, pour les estomacs débiles ou capricieux. 1 fort vol. in-8. 10 fr., net 4 fr.

COLLECTION D'ANTONIN CARÊME

(DE PARIS.)

Chef des cuisines du prince régent d'Angleterre (Georges IV), de l'empereur Alexandre de M. le baron de Rothschild, etc.

Antonin Carême. — L'Art de la Cuisine française au XIXe siècle, par Carême; première partie ou tomes I et II. 2 volumes in-8, avec 12 planches. 16 fr. — 2e partie ou tome III. 1 vol. in-8, avec 12 planches. 10 fr.

50 c. — 3ᵉ et dernière partie ou tomes IV et V, ornés de 4 planches sur bois, 16 fr. L'ouvrage complet, 5 vol. in-8. 42 fr. 50 c.

Les trois premiers volumes, composés par Carême, renferment le traité des bouillons, consommés en gras et en maigre, des essences, des fumets, des potages français et étrangers, des grosses pièces de poissons de mer et d'eau douce : — des grandes et petites sauces, en gras et en maigre, des grosses pièces de boucherie, de jambon, de volaille, de gibier.

Plumerey. — Les tomes IV et V et dernier, composés par M. Plumerey, chef des cuisines de l'ambassade de Russie à Paris, contiennent *les entrées chaudes, les rôts en gras et en maigre, les entremets de légumes*, toute la moyenne du beau service précédent et son complément, 16 fr.

Carême. — Le Pâtissier royal parisien, par Carême, 3ᵉ édition. 2 vol. in-8, ornés de 40 planches composées par Carême. 16 fr.

Livre précieux dans une ferme, dans un château ; c'est le traité le plus complet de la pâtisserie.

Le même. — Le Pâtissier pittoresque, chef-d'œuvre d'invention et de dessin de l'art si difficile de monter les pièces, de décorer une table. Les premiers modèles des grandes pièces s'y trouvent réunis ; 4ᵉ édition. 1 volume grand in-8, orné de 126 planches. 10 fr. 50 c.

Le même. — Le Maître d'hôtel français, par Carême, nouvelle édition. 2 vol. in-8, ornés de 10 grandes planches. 16 fr.

Le livre le plus distingué qui existe sur la composition des menus pendant toute l'année à Paris, Londres, Saint-Pétersbourg. Tous ces menus sont tirés des meilleures maisons de l'Europe, celles de MM. de Talleyrand, le baron de Rothschild, du roi Georges IV, de l'empereur Alexandre.

Le même. — Le Cuisinier parisien, par Carême ; 3ᵉ édition. 1 vol. in-8, orné de 25 planches, 9 fr.

Traité élégant, classique, de toutes les entrées froides, entremets. Il retrace la disposition d'un déjeuner froid, des buffets et des tables de bal.

Feu Appert. — Le Conservateur, ou Livre de tous les ménages ; 5ᵉ édition, revue, corrigée et augmentée par Appert-Prieur, le docteur Gannal, le docteur Gaubert, MM. Joubert, Louis Leclerc, etc. 1 fort vol. in-8 de près de 600 pages, avec 6 planches. 10 fr. 50 c.

Toutes les méthodes de conservation y sont exposées pour viandes fraîches, cuites, salées, fumées.

Étienne, ancien officier de bouche de l'ambassade d'Angleterre à Paris, officier actuel de madame la princesse de Bagration, élève de la maison du prince Louis Napoléon, roi de Hollande. — Traité de l'Office. 2 vol. in-8. 10 fr. 50 c.

Ouvrages de M. Elzéar Blaze.

Le Chasseur au chien d'arrêt. — Contenant les habitudes, les ruses du gibier, l'art de le chercher et de le tirer, le choix des armes, l'éducation des chiens, leurs maladies, etc. ; 4ᵉ édition, augmentée. 1 vol. in-8. 7 fr. 50 c. (*La mère en prescrira la lecture à son fils.*)

Le Chasseur au chien courant. — Contenant les habitudes, les ruses des bêtes; l'art de les quêter, de les juger, de les détourner, de les attaquer, de les prendre à force; l'éducation du limier, des chiens, leurs maladies, etc. 2 vol. in-8. 15 fr.

Histoire du chien chez tous les peuples du monde, d'après la Bible, les Pères de l'Eglise, le Koran, Homère, Aristote, Xénophon, Hérodote, Horace, Virgile, Ovide, Paullini, etc. 1 vol. in-8. 7 fr. 50 c.

Le Chasseur rustique, contenant la théorie des armes, du tir et de la chasse au chien d'arrêt, en plaine, au bois, etc., etc., dédié à Jules Gérard, le tueur de lions, par Adolphe d'Houdetot, chef du service des hôpitaux de l'école d'Alfort; suivi d'un traité complet sur les maladies des chiens, 1 vol. in-8. — Prix : 7 fr. 50 c.

L'école de la chasse aux chiens courants, ou *Vénerie normande*, par Leverrier de La Conterie. Nouvelle édition, revue, annotée et précédée d'une Introduction et de la Saint-Hubert, etc. 1 fort vol. in-8, orné de gravures dans le texte. — Prix : 9 fr. 50 c.

Chasses exceptionnelles, par Jules Gérard, le tueur de lions, et Adolphe Delegorgue, le tueur d'éléphants, Elzéar Blaze et d'Houdetot. 1 beau vol. in-8, avec trois portraits par nos premiers artistes. — 7 fr. 50 c.

BIBLIOTHÈQUE INDISPENSABLE.

Manuel du spéculateur à la Bourse, contenant : 1° Une Introduction sur la nature de la spéculation, ses rapports sur le travail, le capital et l'échange; son rôle dans la production de la richesse, ses abus, ses erreurs, son importance dans l'économie des sociétés et son influence sur la destinée des États. — 2° Un abrégé des lois et ordonnances qui régissent la Bourse; l'exposé critique et pratique des opérations, les différentes sortes de marchés et les combinaisons auxquelles elles donnent lieu. — 3° Une notice sur chaque espèce de valeur cotée au parquet, rentes, obligations, Banque de France, crédit foncier, credit mobilier, chemins de fer, canaux, mines, assurances. 1 vol. grand in-18. — Prix : 3 fr. 50 c.

Le Whist rendu facile, suivi des Traités du Whist de Gand, du Boston de Fontainebleau et du Boston russe; par un amateur. Deuxième édition, revue et en partie refondue. 1 vol. grand in-18 anglais. Prix : 3 fr. 50 c.

David B. Warden. Histoire de l'empire du Brésil depuis sa découverte jusqu'à nos jours, etc. 2 vol. in-8. 15 fr., net 8 fr.

MM. Fortia d'Urban et Mielle. Histoire générale de Portugal depuis l'origine des Lusitaniens, jusqu'à la Régence de don Miguel. 9 vol. in-8, au lieu de 45 fr., net 36 fr.

Volumes in-32 publiés par l'éditeur Passard.

Histoires drolatiques de l'empereur Napoléon Ier, racontées par M. de Balzac; suivies de COMME QUOI NAPOLÉON N'A JAMAIS EXISTÉ, etc. 1 volume in-32.. 1 fr. 50

Un Million de Plaisanteries, Calembours, Naïvetés, Jeux de mots, Facéties, 1 volume in-32.................. 1 fr. 50

Un Million de Bêtises et de Traits d'esprit, etc. 1 volume in-32.......... 1 fr. 50

Petit Trésor de poésie récréative. Choix des plus agréables Facéties anciennes et modernes. 1 volume in-32..... 1 fr. 50

Un Million d'Énigmes, Charades et Logogriphes. 1 volume in-32....... 1 fr. 50

Un Million de Calembours, Charges, Lazzis, etc. 1 volume in-32....... 1 fr. 50

Voyages et aventures du baron de Munchhausen, illustrés de 27 vign. sur bois. 1 v. in 32.................... 1 fr. 50

Bibliothèque de Voyages amusants, etc., etc. 1 vol. in-32.............. 1 fr. 50

Encyclopédie des Proverbes français. 1 volume in-32................... 1 fr. 50

G. DUPLESSIS.

La Fleur des Proverbes français, recueillis et annotés. 1 vol. in-32... 1 fr. 50

BRILLAT-SAVARIN.

Physiologie du Goût. 1 v. in-32. 1 fr. 50

Mme DE GENLIS. **Le Siége de la Rochelle.** 1 vol..................... 1 fr. 50

PERRAULT, Mmes D'AULNOY et LEPRINCE DE BEAUMONT.

Contes des Fées. 1 vol. in-32.. 1 fr. 50

Mme DE SÉVIGNÉ. **Lettres**, nouveau choix. 1 volume in-32......... 1 fr. 50

LA FONTAINE.

Fables complètes, précédées de l'Éloge de La Fontaine. 1 volume in-32.. 1 fr. 50

FLORIAN.

Fables complètes. 1 vol. in-32. 1 fr. 50

BERNARDIN DE SAINT-PIERRE.

Paul et Virginie, suivi de la Chaumière indienne, l'Arcadie, le Café de Surate. 1 volume in-32..................... 1 fr. 50

COMMERSON.

Encyclopédie bouffonne. 1 volume in-32.............................. 1 fr. 50

Un Million de Bouffonneries, ou le Blagorama français. 1 vol. in-32... 1 fr. 50

Sous presse, du même auteur, un nouveau volume.

EUGÈNE LE GAI.

Petit Théâtre bouffon, ou Choix des plus jolies pièces comiques jouées sur les différents théâtres de Paris. 1 volume in-32.............................. 1 fr. 50

Bibliothèque des Calembours, 1 volume in-32, illustré de 139 vignettes sur bois............................... 1 fr. 50

ENCYCLOPÉDIE HYGIÉNIQUE DE LA BEAUTÉ,

PAR A. DEBAY.

Philosophie du Mariage, études sur l'amour, le bonheur, la fidélité, les sympathies et les antipathies conjugales, jalousie, adultère, divorce, célibat, par Debay. 1 vol. in-12. 3 fr.

Hygiène complète des cheveux et de la barbe (deuxième édition). 1 vol. in-12. 2 fr. 50 c.

Hygiène de la voix, ou gymnastique des organes vocaux des diverses gymnastiques et des moyens médicaux les plus propres à combattre les affections du larynx, les vices et les altérations de la voix, par Debay. 1 vol. in-12. 2 fr. 50 c.

Hygiène et perfectionnement de la beauté humaine dans ses lignes, ses formes et sa couleur. 1 vol. in-12. 2 fr. 50 c.

Histoire des métamorphoses et des monstruosités de l'espèce humaine, par Debay. 1 v. in-12. 3 fr 50 c.

Les parfums et les fleurs considérés comme auxiliaires de la beauté (convenant à tous les âges), 2e édit. 1 vol. 3 fr.

LIBRAIRIE ESPAGNOLE.

La librairie SALVÁ se distinguait par l'excellent choix de ses livres et le mérite de ses publications. Depuis que nous en sommes devenus acquéreurs, nous l'avons augmentée et développée sans cesse, avec le plus grand soin, en publiant un grand nombre d'ouvrages classiques et de première utilité. Nous appelons sur notre Catalogue espagnol l'attention de toutes les personnes que ces matières intéressent. Nous l'adresserons à tous ceux qui nous en feront la demande.

POUR PARAITRE PROCHAINEMENT.

UN ROMAN NOUVEAU DE GEORGE SAND

Grandeurs de la vie domestique.

M. DE BOIS-D'HIVER

PAR CHAMPFLEURY.

SCEAUX. — IMPRIMERIE DE MUNZEL FRÈRES.

www.ingramcontent.com/pod-product-compliance
Ingram Content Group UK Ltd.
Pitfield, Milton Keynes, MK11 3LW, UK
UKHW031833260826
14628UKWH00001B/358

9 782019 691165